Change

政治
需要改變

政治工作在幹嘛？

WHAT IS POLITICS, REALLY?

呂欣潔／吳沛憶／吳哲希／吳　崢／苗博雅／范綱皓／陳廷豪
陳為廷／許韋婷／曾柏瑜／張慧慈／黃守達／詹晉鑒／楊緬因
Savungaz Valincinan撒丰安·瓦林及那 ———— 著

林飛帆（島國前進發起人、台大政治所研究生）

「我們這一代人是會重蹈覆轍，成為舊體制的繼承者，成為延續舊政治的人物？還是，能成為打破既有體制的革命者、改革者，開創新局的拓荒者？」這個難解的困擾，籠罩在無數個世代裡的台灣反抗青年身上。終究，沒有答案；或者說，歷史早已一次一次給出答案，只是，我們迴避、閃躲、有時不願面對……最終，我們對歷史的解答做出不同的詮釋和回應，試著從中找到撫平自己焦躁不安，甚至是合理化自身選擇的說法。

經歷過318運動，這場翻轉台灣國家與社會關係的歷史性的運動後，我曾經幻想這場壯闊的運動背後的社會期盼與動員能量，將引領台灣更直接的改變，徹底轉變台灣的命運：走向真正的獨立、自主，社會走向公義，不再有剝削，政治上實踐轉型正義，體制走向正常的國家體制，在國際上終能對等地與其他國家交往。但歷史總不是直線前進的，它迂迴著，時常面對逆流，時而面對波折；事實更是如此，我們總是在這樣的歷史過程中不斷依循著過去的路徑。

「台灣現階段最需要的是什麼？」「而我們這一代人，應該扮演怎樣的角色？是走入體制的政治實務工作者？是體制外持續扎根經營的組織者？」還是，我們對於政治與政治工作的想像，早該突破既有藩籬。一如我在過往諸多運動中的體悟，社運工作者時常面對的是「最最」政治的事務，甚至有時這樣工作過程反倒能夠直搗政治的核心；而政治工作者，也未必都在面對政治體制裡的高政治（high politics）的議題，反倒時常得接觸最為社會底層的草根現實—那是許多社運工作者難以進入的場域。

「台灣的現在和未來，需要怎樣的人，在怎樣的社會或政治位置上？」「需要怎樣的新局與開創的可能性？」在試圖卸下運動光環、重回校園沈潛與自我放逐的這段日子，我更加確信，在歷史的不斷循環中，我們終究沒有悲觀、盲目地接受命運安排的份，我們深知，即便是在無限循環的路徑依循裡，那些重大的變革都是開創而來，也都是堅持而來。

本書中的多位受訪者，是我過去在社會運動、街頭抗爭中的夥伴和同志，縱然每每聊起對於政治，乃至於政治工作的想像，我們或許總難有個共同且一致的想像（雖然對許多政治現實的批評倒是相近），但對於台灣的未來，則有著相同的想望。我相信，懷抱這些共同的想望，是台灣社會與政治持續前進、亙古不滅的驅力。

邱顯智（執業律師）——

川本三郎的《我愛的那個時代》，裡面描述，在這個特徵是下雨的六〇年代，當時的他，是一個剛脫離學生身分的記者。

因此，在採訪日本學生運動的時候，看到警察打學生，由於自己是一個剛脫離學生身分的人，無疑的，警察打在學生身上的痛，彷彿自己也被這樣對待一樣，高度的理解，並且同情學生。

二〇一一年我從德國回台灣，當時我剛脫離學生的身分，開始執業律師，一開始所參與的「社會運動」，是救援冤錯案。

後來，不知道從甚麼時候開始，漸漸地發現，有些學生被警察拖行、毆打，甚至被起訴辦成集遊法案件、妨害公務案件，於是原本通常在看守所或監獄會面當事人，漸漸地變成在大學裡也會有刑案的當事人。

看著年輕世代的學生奮不顧身，為了許多社會上的弱勢站出來，身為一個律師，似乎也沒有理由不站出來支持他們。

我記得我第一個大學生的當事人是孫致宇。她是清大的學生，因為華隆工人案，向當時的行政院長江宜樺丟拖鞋，因此被警察逮捕。當我跟她在清華大學見面，我看到一個非常瘦小的女生，帶著紅白拖這個「凶器」，出現在我的面前。

對於一個刑案的律師來說，這樣的「案件」，實在有無比的荒謬感。掌握國家權力的人，對這些流離失所的華隆關廠工人，不屑一顧，反而，這樣瘦小的年輕學生，願意為這些媽媽們挺身而出，結果，卻反而將要受到國家的追訴、處罰。

看著她及她的紅白拖，我決定為她辯護。

在太陽花學運前的數月，陳為廷帶著這群華隆工人案的媽媽們來到新竹找我，我們約在我家對面的人文年代咖啡廳，總共數次。每一次，我都告訴她們說，「可能真的沒辦法」。然而，陳為廷及這群年輕的學生與這群媽媽們，一而再、再而三的問：「真的沒有其他的辦法嗎？」我既心疼又深受感動。最後我們成功將這案件帶到關廠工人案律師團，隨後與一群年輕熱情的律師一同努力，成功從銀行團手中，贏回關廠媽媽的資遣費、退休金。

在太陽花學運期間，我陪同被警察以警棍擊中頭部，鮮血如注的林明慧老師開庭。林明慧老師是台中一所國中的理化老師，於太陽花期間深受學生感動，因此，當他看到３２３晚上的行政院警察越來越多，林老師心想，如果人多一點，學生可能就比較不會有危險，抱著這樣單純的想法，他在十一點搭高鐵北上，十二點與許多年輕世代的朋友一起在行政院前拉手並肩，不到一小時，一個警察過來，對著手無寸鐵的他，拿起鋼製警棍，直接往他頭上揮下。

開完庭，我載林老師去搭車的路上，他說，縱使遭受警察毆打，他的血沾濕了三件上衣，差點失去他的生命，但他從不後悔那一夜北上，因為，從這些年輕世代的眼神中，他看到台灣為台灣的未來，帶來真正的希望。

未來的希望。

這跟我及許多年輕的律師，這幾年的心境很類似。

川本三郎說，「這個時代的特徵，總是在下雨！」

《這本政治工作在幹嘛》，正是一群年輕人在這亂流激雲的年代，在這個總是在下雨，一點都不溫柔的時代，希望貢獻自己的力量，撥雲見日的努力。

從中，你可以看到他們一直扣問：「難道真的沒有解決的辦法了嗎？我們還可以做些甚麼呢？」在這些叩問聲中，我們可以看見年輕世代的堅持，相信這樣的堅持與勇氣，一定可以為台灣的未來，帶來真正的希望。

姚立明（國會觀察基金會董事長）——

「不可叫人小看你年輕」，每次碰到年紀只有二、三十歲，卻滿懷抱負的年輕人，腦海裡就浮出這句聖經裡的話。

在講究資歷、輩分的政治領域裡，「大人們」瞧不起年輕人的情況很普遍。他們認為年輕人沒見過世面，根本不懂政治圈裡的爾虞我詐，又沒有什麼選戰經驗，參與政治只是犧牲打。這些觀念也許部分是事實。但是大人們卻忘記，年輕人保有許多大人們在成為大人以後就逐漸失去的優點——「理想性」，還有不怕輸、敢衝、敢拚的勇氣。

「政治工作在幹嘛？一群年輕世代的歷險告白」一書中十五位參與政治工作的年輕人，我認識好幾位。他們為逐漸乾涸的台灣政壇帶來一股活水，也因著他們，讓我這個歷盡滄桑的政治老兵，對台灣的未來，滿懷希望。

例如，「想作一些能夠幫助別人的事」這句話如果出自台面上的政治人物，只會有些令人作嘔。

但是出自長期為同志發言的呂欣潔口中，就令人驚喜，喜見今天的台灣居然還有人真的想作「公僕」。

只要台灣發生重大犯罪，就會被罵到臭頭的「廢死聯盟」核心人物苗博雅，年紀輕輕就能完整論述死刑的錯誤與無效，讓人不能不讚嘆他們從政的潛力。

才二十出頭，二〇一六年立委選舉最年輕的候選人曾柏瑜，居然選擇了連民進黨都沒人敢挑戰的艱困選區，去經營基層。

藉著這些年輕人的告白，我希望他們的理想以及為理想奮鬥的勇氣，能夠感動並且感染更多的人。至於我，只是想藉這個機會對他們說：不要叫人小看你年輕，加油！

范雲（社會民主黨第一屆召集人、二〇一六年大安區立委候選人、台大社會系副教授）——

這本書記錄了新一個世代，奮不顧身地跳入歷史洪潮，想要用肉身直接改變政治的真切心意。他們關於理想與現實之間的種種心得與掙扎，為所有務實的理想主義者，留下了點點滴滴的智慧線索。這些線索，就好像是登山客在深山野壑迷路之際，會渴望在叉路口出現的指引布條。

這是二十一世紀的台灣政治青年歷險記。新政治的登頂之路，未曾明朗，但，這本書，像是首部曲，它用各種不同的語氣聲調，對著仍在觀望的人們說，「我們已經出發了，真的很辛苦，一路上都是荊棘、陷阱與怪獸，但，也會有閃閃發光的寶藏，請和我們一起加入新政治的歷險之旅吧！」

張鐵志（政治評論人）——

二〇一四年318那天，我在香港家中看到臉書上衝進國會的年青人，心情非常激動，尤其其中有太多面孔是我認識的。

我很清楚，他們不是從真空中穿越了國會議場的任意門來到這裡，而是在過去幾年參與了不同的社會運動，一步步累積了運動經驗、建立了串連網絡，來到這裡宣告了一場台灣民主的內在革命。

然而，太陽花之後，我一直在思索，在那場激情的佔領之後，台灣究竟會有什麼樣深刻的改變？那些街頭與議場內的熱血，會如何凝結起來滲透到這個新生的民主的血液中？

書中的這些年輕人走進了政治場域，不論是直接參政或者是擔任其他政治工作，不論是參與民進黨或第三勢力，試圖把他們反叛的世界觀帶入主流政治，改造台灣民主。

某一個意義上，這群青年和八〇年代到九〇年代初的所謂「學運世代」面臨類似的歷史契機：後者面對的是剛成形的反對政治，因此有許多政治空間給年輕人；但隨後二十年，民進黨越來越體制化，權力結構或意識型態都逐漸老化，年輕人就比較難出頭天。但這群太陽花世代進入體制的歷史時刻，是既有政黨政治正當性已然崩壞（或者說這也是他們攻擊的結果），是主流政治（某程度上）知道自己的貧乏，因此他們可以發出更大的聲音。

問題是，前一個學運世代進入體制後到底在多大程度上改變了民進黨的體質呢？而我們眼前這一代進入政黨政治後，又是否能用他們的價值產生集體力量從根改變台灣的政治體質呢？還是只是會個別被體制吸收，而最終體制依然屹立不動呢？

這是這群青年政治理想主義者的考驗。

目錄

Politics 0-100

Ideals of Politics

反美麗灣
樂生
野草莓
原住民族
反國光石化
性別運動
士林王家
318太陽花
農村陣線
反核
tivist
拆政府
黑島青
反服貿
學生自治條例
同志遊行
反媒體壟斷

攝影：黃永俊

Chapter
1
A

呂欣潔 以生命投入

2002 進入台灣大學社會工作學系就讀
2002 加入台灣大學浪達社（女同志社團）
2003 開始台灣同志諮詢熱線協會接線志工培訓
2004 成為台灣同志諮詢熱線性別演講種子講師
2006 擔任台灣同志諮詢熱線協會第六屆理事
2007 進入民主進步黨婦女部擔任幹事工作 擔任台灣同志大遊行執行秘書
2008 成為台灣同志諮詢熱線協會政策推廣部主任，創立親密關係小組。在熱線工作期間皆參與反核、移工要休假、障礙者平權、巢運等運動與遊行
2009 開始台灣第一個同志親密暴力服務與倡議方案
2010 擔任台灣同志大遊行「投同志政策一票」總召集人，並負責舞台主持
2011 前往澳洲雪梨大學政策研究所進修
2013 代表台灣參與聯合國婦女地位委員會非營利組織周邊會議代表台灣參加 ILGA-ASIA CONFERENCE（國際同志聯合會亞洲分會）
2014 318 反服貿運動支援濟南路 NGO 舞台擔任主持工作參與立法院婚姻平權法案公聽會，表達支持立場並對戰護家盟與前同志與伴侶陳凌成為同志婚姻平權婚姻訴訟案之當事人加入台灣國際特赦組織台灣分會擔任理事
2015 代表台灣參與聯合國婦女地位委員會非營利組織周邊會議加入聯合國多元性別倡議小組，原受邀於聯合國內發表演說，後因中國抗議轉前往歐盟發表
2016 成為社會民主黨發起人代表社會民主黨於台北市信義南松山（第七選區）參選立委

和死亡一同長大

我從小就覺得，我的家庭很像一個經典台灣人對家庭想像的樣貌——我的父母是高中同學，相戀多年後大學畢業就結婚生子，在那個兩個孩子恰恰好的年代，我家恰恰好就生了一男一女。爸爸外出打拚賺錢，媽媽認真相夫教子，他們認真地吸收養育孩子的新知識，同時認真的在那段台灣經濟起飛的年代，胼手胝足地向上爬。

直到我十歲的時候，我千求萬盼的妹妹出生了，我多麼開心我再也不是家中最小的孩子，我每天想著等妹妹長大後，我要陪她去上學，去參加她的母姐會，分享她在青少年時所遇到的芝麻綠豆大的煩惱。當時完全無法想像，這對未來的我們來說，會是如此奢侈的事。

在我的欣宜妹妹十個月時，一次媽媽帶著她去做例行性的施打預防針和基本健康檢查，一位經驗老到的醫生建議我們盡快去掛大醫院的診仔細檢查。我還記得那天，我在家練鋼琴等著媽媽和妹妹回家，等媽媽一進門，她的臉色鐵青，我也不敢多問，妹妹天真抓著玩具躺在娃娃車裡的模樣還依舊清晰，但我的世界就此離開純真的兒童時代，提早一步長大。

「側畸症合併複雜先天性心臟病」是她的病名，這幾個字代表著我們全家人生活必須圍繞在「讓她活下來」的目標上。她全身共有九種病症，事實上，一直到現在我都還記不起來她全部的病名，但我清楚地知道，妹妹要不斷的開刀才能活下來，平常不能讓她激動地大哭或大笑，不然可能就會缺氧休克，我們好像必須把她放在一個真空安全的環境，才能讓她活下來，她也因為從小長期的進出醫院開刀動手術，造成發展遲緩，社會化不足，也因腦部多次開刀而造成情緒障礙。

想為這些人做點什麼的種子

我和哥哥，在妹妹和媽媽開始密集進出醫院時，分別是十一歲與十三歲，正在青少年要轉大人的初期，青少年對於未來與自我認同的惶惶不安，加上突然必須面對脆弱生命與死亡就在眼前，我們所能做的，只有把自己照顧好，不讓父母擔心。因此，我們從下課後回到家總是充滿笑聲和熱騰騰飯菜的家，轉變成要自己帶鑰匙拿起桌上的一百元去巷口買便當的家。我們開始自己洗衣服、收拾家裡、乖乖的把功課寫好、準時上床睡覺，我們不談論我們的不安與害怕，不說出我們的慘綠少年煩惱，因為那些在死亡面前，都顯得那麼的微不足道，不值得一提。也是從那時開始，生命推著我去思索，「人活在這世界上的意義到底是什麼？」如果我是那個生命在一線之間就要面臨墜落的人，什麼對我來說是最重要的呢？

我的青少年時期，幾乎可說是在學校和醫院間長大的，還記得念北一女的時候，時常下課同學就往西門町或台北車站跑，有的去逛街，有的去補習，而我和大家的方向總是不同——我時常得往台大醫院的方向去。總是進出醫院，大刀小刀感染不斷的妹妹，除了二十四小時都得看護著她的母親外，課業穩定又距離近的我，自然就成為第二順位的家庭照顧者。

也因此，我們那些年經歷了醫療疏失妹妹幾乎成為植物人卻無處求助的痛苦、在特教班卻無法得到因材施教的教育環境、處處都是障礙而輪椅根本難以行進的生活空間、徬徨不安到不能吃不能睡卻沒有心理或社工資源協助的困頓處境……。每每在熟悉藥水味的醫院，我覺得病房悶，到走廊或地下街晃晃的那些時刻裡，我看見許多比我的家庭更沒有資源的病人與家屬們；或，總在手術房外焦急但卻故作鎮定地等待時，看見那些愁眉苦臉無法負擔醫藥費用或照顧人力的家庭們，我總在想，像我們這樣還有一些能力、有一些資源的家庭，都這樣痛苦的走著，那些家庭，該怎麼辦？

這些生命經驗，讓我在成長時總感到與周遭格格不入，卻也在我心裡種下了一顆種子，一顆能了解他人痛苦的種子，一顆「我想為這些人做點什麼」的種子。如果我的生命在明天就要結束，我想要為一些人多做點什麼，讓他們的生命更好一些些。

另一種少數

我國小二年級的時候，第一次喜歡上一個女生，那時還不了解什麼是喜歡，只覺得這個同學對我來說好特別，她跟著家人移民去加拿大的時候，我難受了好久好久。一直到考上中央法文系，覺得沒興趣決定重考時，離開了當時很要好的學姐，那種難受的感覺再次出現，我才明白這叫愛情。戀愛的開始總是美好，然而，一段難以對他人展現、必須躲躲藏藏的關係，卻令我感到萬分痛苦。「我做錯了什麼？」、「難道我很丟臉嗎？」、「為什麼我們像次等公民一樣不得見光？」這樣的念頭不斷的在我心裡縈繞著。直到加入台大浪達社，進而認識台灣同志諮詢熱線（後稱熱線），透過性別知識的學習，與不同背景但一樣是同志的人們相處，跟著熱線全台灣各地演講，分享生命故事，一次次抽絲剝繭的反覆思索自己的人生，才重新建立自己的自信心與認同。

一開始參與同志運動，我並沒有「我要加入一場社會運動」的想法，只因為我一直想做些「能夠幫助別人的事」，但對於當時的我來說，不管是參與身心障礙的工作或在醫院做兒童精神科的實習，我似乎尚未準備好去面對我從小到大不停面對死亡的那些恐懼。相對於此，我的同志身分似乎對我來說還比較不那麼困擾，又能夠練習在學校所學習到的社會工作技巧，熱線的人們又很好相處，就開心的在熱線待了下來。就這樣，一路從志工、擔任理事、參與籌辦同志遊行、擔任同志遊行的總召；從跟著前輩演講、到自己一人可以獨當一面、到帶著比我年輕的志工去演講；從遇到歧視同志或性別的事件跟著上街抗議、到開始組織街頭或抗議行動、到代表熱線和不同社會運動的工作者開會工作，就這樣，從二〇〇三年開始，到今日，十三年過去了，我在熱線付出了我最青澀最精華的歲月，熱線也開闊了我對社會運動與每個不同生命的視野。

無處不在的嘲弄與諷刺

一開始，我只是很單純的希望這個社會看見真實的同志，因此不斷的出櫃演講，不斷的把握機會做街頭行動，不斷的發聲希望被看見。然後，看見了許多面對歧視處境、家庭或親密暴力、校園霸凌，和偏鄉資源匱乏的ＬＧＢＴ同志們，眼前沒有資源提供給他們，因此我開始學習組織志工一同來創造資源——寫方案找錢、募款、寫書、辦好多的講座和工作坊、也培養志工跟我一起做；也用各種方法推動中央與地方政府擠一些些的預算出來讓熱線為這些同志們做更多事情，甚至改變政策，徹底改善同志處境。

我一直都不知道，原來我做的事情叫「組織工作」與「政策倡議」，然後這些都是「社會運動」。我只知道，看見有需要的人得到協助，不公平的事情走向正義，我的內心感到快樂。甚至去演講的時候，只要有一個老師、一個學生，因為我的演講而改變了他對同志或性別的想法，我都感到非常滿足，或許他們能夠去影響更多的人，讓社會變得更好。我只是希望這個世界上，能再有多一點點的人，過得更快樂、更自在、更平等。然而，這個願望竟然如此困難。在十幾年來的社會運動歷程中，看了太多在社會傳統結構下無力個人的悲傷故事，經歷太多公部門沒有誠意的糊弄和推託，加上感受到不論是國民黨或民進黨執政，這個政府都相當的父權中心與缺乏看見多元文化與性少數的意願，縱使我身為一個長期的民進黨支持者，依舊相當無法融入與認同其組織文化。但另一方面，我也看到台灣的同志社群，長期因制度性的排除，對於政治的冷感與覺得事不關己——這個國家的政治體系到底跟「我們」有什麼關係？如果檯面上的兩大政黨並沒有意願積極地將同志社群納入公民的一分子，與我何干？這樣的想法充斥在同志社群當中。甚至是在許多「我們預期會稍微同志友善的」社會運動場合中，性別或同志歧視的言論竟然四處皆有：反核遊行終點舞台的「馬金燃料棒」行動劇、318反服貿運動中對馬英九較為陰柔氣質的嘲弄與諷刺、同志參與者在立法院中的接吻留影被批評為模糊焦點、甚至這些年對民進黨蔡英文主席單身女性身分的種種影射與歧視等。

社會霸凌始終沒有消失

同志社群的被排除以及性別歧視是這樣無所不在，我看見在318運動中，有許多的同志參與者最後都選擇離開現場，甚至有些選擇不再參與政治改革運動，我感到相當難過。因為當我們以為大家是在同一陣線，為同一種價值而努力的時候，卻從在身邊的夥伴口中，聽到了那些傷人的諷刺與嘲笑，那些是我們從小到大都不斷地在面對與對抗的社會霸凌，原來，一直都沒有消失。

然而，台灣的同志運動蓬勃發展，正是因為民主制度在這個小島上存在著，因此要將同志或性別運動再往前推進一步，成為政治討論或議程，我認為就必須將同志社群整體拉進民主運動與其他社會運動中，讓公民社會意識到同志與性別議題必須成為重點議題，也讓同志社群了解到，我們並沒有辦法與脫離主流社會獨自生存。

事實上，有許多多的社運工作者也同時有同志身分，在不同的崗位上努力，只是不一定為人知。因此，以同志社群與運動工作者來參與政治工作，便成為我個人生命下一個階段希望投入的領域。

吳沛憶

青春的長征

2005 進入台灣大學就讀政治學系政治理論組
2006 加入台灣大學濁水溪社
2008 參與野草莓學運，抗議政府因中國海協會會長陳雲林來台，發生警察濫權箝制人民
2009 進入清華大學就讀社會學研究所
2013 完成碩士論文《挑戰發展主義霸權—以反國光石化運動為例》畢業
2013 進入小英教育基金會任職社會力發展中心
2014 進入民進黨擔任台灣民主學院副主任

「啟蒙」兩個字不再抽象，感覺自己正在長征

二○○五年我以第一志願考上台大政治系，滿心期待要走進那個大家都說將會非常精彩自由的大學生活。會選擇政治系，源自一個頗幼稚的誤解。高三埋首苦讀的日子，在電視上看到美國前總統克林頓來台灣，他約莫說了類似「台灣和中國不是國家和國家的關係」這樣的話。那時的我，對台灣歷史不甚了解，對整個世界的政治秩序更不明白，還以為台灣之所以面臨外交困境，或許是因為我們的外交人員不夠努力吧。那麼，不如我就來努力成為外交官。上了大學以後，很快的就明白以前的想法多麼可笑。

剛進大學的我，強烈需要得到意義感。有一天，一個社會系的友人拿了一份黃紙黑字《濁流》刊物給我，內容是關於「全球化下台灣農業困境」的文章，他說：「要不要來參加午聚看看？」於是我結識了學校其他科系對於「台灣是什麼？國家是什麼？」同樣好奇的同伴。在每次的對話中，我發現自己對這塊土地的認識近乎於零，好多事情我的資訊過少，沒什麼判斷能力。我決定要和這群人一起學習，當下感覺自己真的要展開對世界的認識，而且是課堂上學不到的，是我夢想中的大學生活。

我們開始每周一次讀書會，讀日本時代歷史，讀台灣共產黨史，讀戰後台灣政治經濟分析，讀日本時代台灣文學，讀現代原住民文學……。雖然不是每次都有把書讀完，大部分的討論也不都是很嚴謹的心得分享，卻幾乎是我人生第一次如此進行思想的激辯。我像個海綿一般全面開放，終結整個學生時代的知識飢渴，每一天在書本、交談中拚了命地吸收。也樣板地學習那個青春就得憂愁的樣子，結束一整天的實體生活，晚上回到家裡，登入ＰＴＴ爬著各種公共資訊，和私人個版的囈語，直到夜很深了才肯罷休。我確實地感覺到自己正在強壯，「啟蒙」兩個字不再抽象，感覺自己正在長征。

415守護樂生，人生第一次的遊行

二○○七年四月十五日，樂生保留自救會和上百個民間組織，共同發起守護樂生大遊行，約有數千人集結在中正紀念堂，沿著中山南路行經台大醫院、教育部、立法院，最後走到總統府。那是我人生的第一場遊行，也是我最接近政治的距離。

日本時代為了隔離漢生病友，病友們被帶進台北新莊的樂生院集中管理。一九九四年該址被台北市政府捷運工程局選定為新莊機場預定地，必須拆遷；二○○三年遭到第一波拆除；二○○四年青年樂生聯盟成立，學生進入樂生院進行訪調，陪伴院民展開抗爭之路。我因某次在台大校園經過樂生議題攤位，隱隱約約知道這項抗爭。直到大二那年，許多成員參與樂生青年聯盟的大新社，主動聯繫了各個異議性社團，希望大家能夠協辦樂生大遊行。不同社團的成員聚在一起開會，決定跨校串聯分工，我也因此結識了更多元的同好。

我其實能做的事情不多，只能盡力投注時間參加活動，幫忙畫海報、聯繫教授來助講。雖然我不認識任何一位院民，也不真的很了解整個捷運工程的爭議，純粹是聽了學長姐說明漢生病友長年來遭受社會汙名，及受到次等公民般的待遇，正義感被召喚出來。我不否認那是一種過於簡單的情感行動，甚至比起關心院民的未來，我也許更沉浸於和一群人共享信念、毫無保留地投入同一件事情上。二十歲的我深受那樣的狂熱感所吸引。

大遊行那天，來自各校社團的學生，和許多我前所未見的公民團體聚集一起。遊行引導車傳來對政府的嚴厲批判，對我這個來自民進黨支持者家庭的人而言，從來沒聽過這麼多指責民進黨的聲音。當時台北縣長是國民黨籍的周錫偉，由於縣府的不作為，行動訴求升高轉向曾任縣長的行政院長蘇貞昌。走在遊行隊伍中，心裡感覺有些拉鋸，「他們說的都是對的嗎？」

不免有些這樣的遲疑。特別是當台聯黨籍立委賴幸媛拿著大聲公大喊：「吳秉叡下台！」我才發現自己在參與的，或許是一場很「政治」的行動。

待在自由廣場上，接受青春的挫敗

二〇〇八年五月，馬總統上任，我大學生活也來到最後一年。之前有一段時間，每天放學途中，必須穿越許多紅衫人群。當時，有些人憤怒，有些人很興奮，有些人極度失望難過。曾經代表台灣民主驕傲、平民希望的陳水扁前總統，最後以被控貪污下台。代表新氣象的馬英九，在人民的期待中上台。被認為背叛許諾的民進黨太令人失望了，人們寧願吃下黑金起家的國民黨推派出的清廉形象牌。我和朋友們即便無法接受，也願意靜觀國民黨再次執政，畢竟，這或許是民進黨必須承受的政治責任。

很快的，六月，兩岸協商談判就在北京舉行第一次江陳會。十一月中國海協會會長陳雲林來到台灣，進行第二次談判。那幾天，從電視上看到許多穿著抗議標語服裝的民眾，被警察在路上擋下；紀錄片導演被帶上警車；手拿中華民國國旗也被阻止，圖博國旗一樣遭阻礙。

我們決定在摩托車上插上各種旗幟，親自去看看。但光天化日之下，我們被大批警察阻擋在車道上。那天晚上，有朋友被警察打傷。更多荒謬的行徑在ＰＴＴ網路上傳遞著（那時還沒有臉書）。隔天，五百多個大學生自發前往行政院門口靜坐守夜；翌日下午，上千個警察包圍起學生，把他們一個一個抬上警備車。影像從網路直播出去，於是引來更多學生，持續到自由廣場靜坐。那一夜，許多參加完民進黨遊行的長輩也加入靜坐，他們帶來許多水和熱食，就怕學生在冬夜裡受寒。長輩們的情緒激動而複雜，他們擔憂好不容易打拚來的民主，彷彿一夕要被收回，而民進黨似乎也不能依靠了……。「台灣要靠你們了！」長輩們為學生打氣。然而，學生們對這群所謂「民進黨支持者」相當抗拒，急於向長輩澄清：「我們不分藍綠。」有些長輩激動起來，試圖向學生說明國民黨的歷史罪惡，但這樣的話語，聽起來卻更加「民進黨」了。所以，有些學生除了必須負責排解這些衝突之外，甚至因為害怕行動被認為是民進黨煽動，而拉起糾察線，畫設「公民區」，舉凡穿戴民進黨背心、旗幟的人，必須卸下標示才能加入靜坐。本來學生站出來，只是基於憤怒，大家無法接受為了兩岸協商談判，必須犧牲自小熟悉的民主生活。然而，透過一次次與民眾的談話中，似乎也觸碰到來自社會更深層的焦慮。那種焦慮混雜著生氣、失望又惶恐的無力感，彷彿拿這個政府沒轍了。那場運動，馬政府終究沒有理會。我們背負著未完成期待的愧疚回到校園。

那一年我大四，待在自由廣場上，接受青春的挫敗。我們的知識不足夠做出正確的判斷，我們的勇氣太弱撐不起果敢的行動。我們說了太多的理想，可是當任務來到面前，我們沒有接好。所以，當在廣場上接到清大社會所的面試通知，我趕著晚上十二點前到夜間郵局寄出資料。

逃離現實政治，穿過風城經院，走進民進黨中央黨部

從自由廣場挫敗而回，一心好想改變政治，卻是沒能力在政治賽局裡移動。抱持那樣的無力感，我離開台北，踏進風城山上的一所經院，想在那裡借助理論的力量，等待下一次出發。

在野草莓運動結識的高中生陳為廷，和我同一天踏進這所學校。不同的是，生氣勃勃的他，打算在運動沉寂的清華校園裡展開另一場長征。整日關在研究室裡的我，看著就讀人社系的為廷找到他的夥伴，創立了「基進筆記」社，他們開讀書會，辦刊物。這群九〇後青年，在

馬英九執政期間，開展了他們的啟蒙。和大學時代的我們相比，他們更能夠超脫黨派政治，直接面對政府。所謂的超脫，是更無懼更近距離地介入。從二〇一〇年到二〇一三年，這群大學生更因一次次的介入行動形成全國性網絡。

這群年輕人隱隱推著社會的脈動，直到二〇一四年三月，當國民黨打算在立法院用反民主的方式，強行通過兩岸服務貿易協議，他們翻過鐵鑄的立法院圍牆，佔領國家最高議事殿堂。終於，社會不再沉默，這次他們不再是「社會上少數的異議份子」。這股沉潛多年的力量，集結起來重擊執政黨，打亂國共步調。

３１８學運一開始，我正好剛從研究所畢業半年多，進入小英基金會社會力發展中心工作，主要任務是舉辦青年和社會議題活動，和我的興趣相彷。當時的蔡英文女士不具任何黨公職，因此我知道自己正在靠近政治工作，而非意識到自己正在走進政治工作。３１８學運的許多發起者是熟識的學弟妹，我請了一星期的假，一起和他們經歷那段波濤洶湧的時間，彷彿回到學生時代。

這場運動也讓在野黨面臨極大的壓力：民進黨總是說盡力了，難道擁有政治權力的政黨比公民社會還弱嗎？是的，那時的我也和他們一樣，對民進黨產生信任危機。運動結束，回到工作崗位，我每天都在問自己，我應該投注青春給這個政黨嗎？如果有一天民進黨也成了和公民社會對立的那一邊，而我該站在哪一邊呢？

「現階段對台灣最好的選擇，是讓國民黨下台，而民進黨會是最有力的政治行動者。」最後，我給了自己一個階段性的答案，並在五月三十日遞出入黨申請書，穿過青島東路，走進民進黨中央黨部，成為一名民進黨黨工。

吳哲希

要翻轉就得參與

2007 進入國立屏東科技大學農園生產系
2008 投身學生自治，當選學生議會議長
2010 轉學至義守大學公共政策與管理學系
2010 獲選擔任行政院青輔會青年諮詢團青年發展組成員
2011 進入台南市議員郭國文服務處實習並擔任助理
2012 輔選總統立委二合一大選、民進黨職改選
2012 投入社會運動，並當選行南文化協會常務理事
2013 協助辦理六四晚會、擔任陳光誠律師來台行程助理
2014 輔選台南市議員初選
2014 參與成大南榕廣場運動、318 學運、民主黑潮學生聯盟
2014 輔選民進黨屏東市長候選人邱名璋，擔任媒體聯絡人
2015 進入民進黨屏東縣黨部擔任專員兼任媒體聯絡人
2015 進入民進黨中央黨部青年發展部擔任專員迄今

寫周記罵學校的綠粉囝仔

我出生在台南，一個被認為是鐵桿深綠的地方，也因此這裡的人們政治效能感相當強，所以我政治社會化算是滿完整的。爺爺是村裡的議員後援會長，老爸也就是黨外時期會冒險買雜誌的支持者，叔叔更曾擔任佳里鎮民代表，當然啦，都親綠。而我甚至還在我媽肚子裡時就去過造勢晚會了，還被我第一個政治上的老闆、勞動部政務次長郭國文說，我就是從小胎教做得好，長大後才走上不歸路（笑）。

但老實說，從小到大對政治或公共事務其實沒有太多想法，就是會跟著看新聞，沒有明顯的認同，就只知道愛台灣就要支持綠營。

二〇〇四年總統大選前一天，阿扁不是在臺南中槍嗎？我當時下課等我爸載我，誰知道一直等不到人，我就一直等、一直等，後來我爸才趕來，說阿扁中槍了，他跑去奇美醫院看，我才知道有阿扁就忘了我了（笑）。隔天，我們一堆同學跑去看棒球，結束後就丟丟球，丟一丟有人就突然停下來說，阿扁輸了怎麼辦，台灣會不會被賣掉啊？一群高中生就開始窮擔心，但老實說也做不了什麼，就很籠統的這樣認為啊，台南小孩嘛，在政治社會化的過程就不知不覺被家中和同儕的意識形態影響著。

其實我從小都是個安靜的人，直到在高中後開始接觸社團，人比較開朗了，對公共事務也比較多想法。心理學上有個理論是這樣說的，就是有個人創傷的人會容易投入政治，把不順遂投射到公共領域上，從中獲得成就感和成功。我小時候常被欺負，就是霸凌啦，也就開始關心公共事務來追求自我實踐，寫周記時就會罵學校，還被老師稱讚，但當時也沒有行動的理由，畢竟也沒有人一起做，至少算個啟蒙啦。

棒球打下的公共參與契機

回想何時開始投入公共服務，或是在生活上的事情具備公共性的思考，我想棒球應該是一個契機。

我因為喜歡棒球，加入張泰山的後援會擔任幹部，也投入乙組球隊，那時打得很爛啊，但就有了跟不同齡的人互動的機會。後來高三和學弟共同創立棒球社，我擔任公關，學長嘛，就還要負責去找球衣球具的廠商。我就跑去工廠喔，再找幾間有棒球社的學校，大家一起湊團購，來和廠商喬價格。總之，就是藉由資源的共享和服務來維持和各校的關係，假日也常跑去南一中打球。

當時，假日時台南市大部分的球場都被乙組借走，要練球或打比賽都很困難。當時就跟社區棒球的推廣者、南一中的張聖恩教練要辦南區高中棒球社團的邀請賽，就拿了份企劃去找當時的議長黃郁文，後來也不了了之，大概是那時開始感受到資源分配上的不公，啊明明是公家管理的球場，為什麼高中社團不能用？

帶了這樣的疑惑，也經歷過重考、上大學後，一進去就滿活躍的，打系壘啊，或是參加系慶籌備，還接了系學會的活動中心暨系圖主任。當時的會長那屆動能很夠，而且系會長的女友是學生議會議長，同班還有個學生會副會長，就開始要把荒廢數十年、位在地下室的系圖書館整理出來。

學長他們就帶著我們這群大一的做，自己動手整理書、漆油漆，就還真的把它搞好了，之後就由我負責管理。當時的部員大多都是我們大一這屆的，每天輪班顧系圖，系上學長姐也很捧場，風評還不錯。期中期末考時，因為學校圖書館沒有二十四小時開放，我們就說要來搞，一群大一的就整天不睡，在系圖念書順便顧店，算搞得有聲有色（笑）

當時的學生會和學生議會，有幾位核心要角都是我們系上學長姐，尤其是議會，已經連兩屆拿下議長了。但關心學生自治的都知道，其實全台活躍的學校沒有幾間，大多的大專院校參與率都非常低落，你想當會長也沒人會跟你搶，屏科大也不例外。

系上搞學生會的學長姐，就問我要不要接議長，我就覺得與其在網路上抱怨，還不如出來做些事情，便一口答應了。我還記得也沒經過系上選舉，我就成了我們系上的議員，但這其實在台灣的學生自治上是常態，由此可見參與多麼低落，當年的學生會長也只拿了三百多票就當選，而屏科大有一萬三千餘名學生。

既然要選議長，我就透過當時的議長拿新任議員的通訊錄，藉由調查新一屆首次開會的出席意願，就是要不要訂便當啦，來順道拉票，那其實也沒什麼人競爭，我就這樣當選了。

雖然看來荒謬，但也真實反應了學生自治的困境。但我們那屆動能很強，議員還常駐在ＰＴＴ上了解同學們的需求，例如網路不通、或是抱怨學生餐廳，再主動出擊解決問題。當時甚至還要在議會值班，類似立委或議員的本人服務時間一樣，反應還不錯，還有人拿著有蟑螂的學餐便當來陳情（笑）。

那時候，男宿外的學生餐廳，最常被抱怨的就是衛生不佳、自助餐的錢亂算，我跟時任學生會副會長的室友去測試過，跟排在前面的正妹夾一模一樣的量，居然整整貴了三十元！當時我和副會長就在膳食委員會上發難，自嘲自己是不是人醜命賤，也串聯了其他具有委員身分的各宿舍長，更在健康中心去定期抽查時跟著去，還建置系統讓同學反映意見，總算造成了一些壓力。

膳食委員會要處理餐廳續約，校方立場是希望續約，但一次簽約就簽五年，還沒有任何懲處條款！最後總算在學生代表的通力合作下，把續約的合約砍了三年，再加上罰則，學餐也因此有了改變。

如今回想起來，其實在議長任內，就察覺到了自己對政治的興趣，也開始思考要不要從事相關的工作，後來不只到了競選總部打工，就毅然決然轉學到相關系所去。

也就是在這時候，開始真正了解到制度是如何運作，資源又怎麼去分配，而我們平常認為對公共事務冷漠的同學，關心的又是什麼？其實不外乎就是日常的食衣住行而已，這對之後我投入地方政治的影響是很大的。

年輕人要翻轉世代就須參與政治

回顧起來，相較於過去，自己有哪些重要的認知變化？我認為變化最大的，是藉由地方到中央的歷練，了解到政治的本質和運作方式，也因此有了明確的方向和做法。我們認為，年輕人想要翻轉崩世代，或是避免政治上的階級複製，就更應該要參與政治。

現在在民進黨青年部，就是盡我們所能的提供機會，無論你是積極的公民，或者是想成為政治工作者，甚至希望投入選舉，我們都會有相對應的計畫和機會。如果你是公民，你可以參與我們各縣市的青年組織，來監督市政府或議會，也增進自己的政治效能。如果你期盼當個幕僚或投入選舉，我們也舉辦工作坊、營隊、實習，讓大家都有機會參與。

苗博雅　政治工作是違反人性的反覆鍛鍊

李屏瑤　採訪

2012 年起擔任廢除死刑推動聯盟志工。

2013-2015 在廢除死刑推動聯盟擔任法務主任，正式成為全職社運工作者。

在廢除死刑推動聯盟工作期間，參與鄭性澤、杜氏兄弟案等死刑冤案救援，也因社運團體間彼此橫向串連而聲援各種社運議題、在各種不同的社運場合打雜（以司法改革、憲政改革、人權運動為主，因個人興趣，也關注性別平等運動）。318 佔領立法院期間，配合 NGO 團體的指揮，在濟南路側輪班支援。

再也沒有穿過短褲拖鞋出門

我在廢死聯盟工作的時候，大眾對於死刑議題的反應大致有兩種方向：一是討論你的理路清不清晰，二是我就是不喜歡，說不出來為什麼，就是要罵你。比起政治工作會遇到的事，這些反而相對單純。做候選人就不一樣了，否定的不只是議題，或是不喜歡你支持這個議題，他可能是不喜歡你這個人，沒有要跟你討論跟議題有關的事情，完全回到「人」的身上。

我以前出門，去樓下便利商店買東西，穿短褲拖鞋沒問題，即使有人認出來，也不會對我支持的議題造成影響。可是我現在如果是一個候選人，這件事就不能做。我自從參選後，再也沒有穿過短褲拖鞋出門。我可能會遇到我的選民，我本來已經相對年輕，現在不管去便利商店或是丟垃圾，都必須穿得正式一點，都要穿襯衫。參政新人的形象也要固定，突然改造型是選舉時的大忌。最好要跟你的宣傳照長得一樣，增加辨識度。我買了很多一樣的衣服，比如說這件襯衫的大小版型適合我，就不同的顏色各拿幾件，或是相近的顏色各拿幾件。

某種程度上，候選人跟藝人的生活可能有很多共通點，藝人可能還能說，私人生活跟演藝生活是分開的，不影響演技或是唱功。可是候選人的私人生活與政治生活的連結又更緊密，我的穿著好像會影響別人覺不覺得我夠格當個代議士。比如我搭捷運或公車，又回到高中的狀態，高中是因為北一女的綠色制服很明顯，博愛座沒有人，我也會很遲疑可不可以坐，回到一種隨時隨地都要準備被人看，被人檢驗的狀態。

對人的信任空間會愈縮愈小

我在選舉時有個體會，我們常常看到，很多政治人物最後都會放不下權力，有人會比喻說像是「魔戒」。參與選舉後我能夠理解這些人的心情，那是因為在拿到權力的過程，你要付出的實在太多了，消磨掉太多東西。到後來對有些人來講，那就是僅剩的東西了，怎麼可能要他全部放棄。如果說一般的工作，是提供你的勞力跟時間，政治工作不只是把勞力跟時間賣掉，是把你整個人賣掉。就身心的感受來講，不見得比過勞的勞工好到哪裡去。偶爾我都很懷疑一些政治人物，像是蔡英文，她的「自我」會在哪裡？是不是要回到房間，只剩下她跟她的貓的時候，才有那個「自我」的空間？

你講的話不只是你講的話，會被非常有創意地各種解讀，你講的話會有某種政治效果。我的臉書帳號其實已經不是我的了，他現在是「苗博雅」的，不是「我」的。任何一個人都可以宣稱有資格來檢驗我全方位的事情，我並不能去畫一條線說，「到這裡而已噢，不能侵入我的領域」。我覺得這是候選人跟其他工作不一樣的地方。

大家對候選人的想像，不只是看你做什麼，你說什麼，你的人格，你的個性，你的穿著品味，都沒辦法去拒絕被評論或是被檢驗，也不能拒絕大家對你的外貌或打扮作出評論。因為不管你講的東西合不合理，這種拒絕，就是在跟大家畫下決裂的線。大家都對「苗博雅」這三個字背後的人有種想像，我都得接受。那真正的我在什麼時候表現？會被收縮到非常非常小。人們會說馬英九第二任時期的用人，縮限在某個小圈圈，蔡英文用人也是小圈圈。當過候選人之後我可以體會，對人會慢慢失去信任感。這點跟其他工作很不一樣，無論如何，對人的信任空間會愈縮愈小。個別經歷可能不同，但就我而言，我可以體會那種漸漸的不信任。選舉期間，有時候有訪問，對方問說可不可以錄音，我都會說有錄音太好了，這樣對雙方都好。

我不知道蔡英文會不會在房間裡跟貓說話，我也沒有養貓，最後只能跟自己對話。選舉期間你很難判斷，誰可以信任，而且這個人的判斷力還要是好的。最終只能相信自己，所以這是很疲憊的事。這也跟台灣的政治生態有關，也不是說國外就是愛與信任的政治。我會想到《紙牌屋》，主角真的信任了誰？劇情的高潮，是他最信任的人跟他對幹，那是很孤獨的，當然是很戲劇化、很極端的表現。在我或其他從政青年上沒這麼極端，但還是可以參考看看。

整個城市都是我的片場

二〇一五年選戰進入白熱化的時候，也快確認我無法爭取到民進黨的支持，壓力隨之愈來愈大，漸進式的，自己沒有那麼敏銳地意識到，到了九月、十月已經很緊繃。然後我十月初跟伴侶分手，那段時間對我個人是很大的打擊。這也是這工作微妙的地方，不管你個人經歷了什麼，你就是要一切如常。很像藝人，到片場就是要好好演戲，只是我的片場是全方位的，整個城市都是我的片場。

我的個性一向是，可以自己處理的事就自己處理，很少請別人幫忙，也不會心情不好找朋友抱怨。從小就這樣，是不應該嗎，還是不需要，總之我就不想麻煩人家。經歷這些之後我會覺得，愈是位高權重的政治人物，大家愈該鼓勵他們去做心理諮商，這樣我們國家會更健康，讓他們可以適當地去抒發。因為對政治人物來說，很難任意地跟朋友聊天，這太危險了。大家看政治人物，覺得看久了都有點假假的，這不意外，如果他想呈現真實的一面，這對他有好處嗎？大家可以接受政治人物出席活動臉臭嗎？我們不喜歡看到政治人物真實的樣子，他們一定會搬演一套理想的樣子給你看。

做政治工作需要決心。我後來仔細想一想，政治沒辦法兼職，需要全心投入才能做得好。想競選公職，位置就那麼幾個，政黨那麼多、候選人那麼多，別人都是投入百分之百在做，你只有投入部分，除非你是不世出的練武奇才，否則怎麼可能勝出。如果要離開這個圈子，出去就不太可能回來，除非有什麼特別的機運。

假設你覺得條件不適合，你就想清楚，也可以做幕僚，至少幕僚不用隨時隨地在別人的監視之下，但你就不要想著說回來，那是可遇不可求的。而幕僚在工作上的自我就更少，當「候選人」某程度上還具有空間，當然還是少於個人的空間。幕僚是在幫別人呈現「他」，所以不會有「我」。「我」只會在討論的過程出現，今天委員說是這樣，那就是這樣，幕僚要幫他把目標達成。

為什麼選舉要繳那麼多錢

政治工作必須不斷不斷地鍛鍊，鍛煉的過程有很多違反人性的部分。比如人對溫暖、對信任的需求，在這過程中是找不到的。這樣講可能太悲觀，但既然我們要讓年輕人知道政治工作的話，就不能有粉紅色的泡泡，我們要做的就是戳破泡泡。泡泡戳破之後還願意來，那恭喜你，你具備了更好的條件。真的不是熱血浪漫就可以的，要進入現在的秩序去跟別人競爭，你一定會遇到類似的情況。

近身觀察立法院，現在最大問題是很難找到資深的國會助理，對政治有興趣的人，可能之後去選議員、選立委，不會窩在這裡做這個層級、這個薪水的工作，也不用忍受每四年、每八年換老闆。資深的助理真的是寶，是活的法案資料庫，是很珍貴的資產，新進的委員可以找到這樣的人可以幫他，會上手得比較快。有些新委員是在某些領域學有專精的，光是一個法案怎麼去定義，就會是很大的問題。這個工作會牽涉到立法的專業，想把專業帶進立法院，還是要有「立法」的專業來輔助。

當年第八屆國會在砍18％，蔡正元說那從立委開始砍起。於是立法院的預算變成每個立委有公費四十萬，可以請八到十四個助理。假設你請最少，只要八個人，每個人分到五萬。立委先要留兩個助理在地方服務處，一個也許是秘書，剩下五個。五個人作法案，其實很難做起來。法案是長期的過程，很難一夜之間弄出來，相對簡單的是，去修改現有的法條。建立法案會有很多看資料的過程，修完去提案，要去說服很多人，說服行政機關。五個人要弄也沒有不行，品質就會有令人疑慮的地方。

以時代力量為例，一個委員可以有八到十四個助理，取平均值十個，時代力量有五個委員，就有五十個助理，加上黨團也可以請十個，光用公費就可以養六十個年輕人，讓這六十個人成為他們未來基層選舉儲備的人才。他們面臨的環境跟我和欣潔的是不一樣的，在選擇上出現歧異，將來要面對的問題也是不一樣的。

有的立委會自費請助理，可能是有善心人士捐助，可能是他自己超有錢，例如顏寬恆，他的選區不可能只有兩個助理。如果是一般的年輕人選上了，一個月四十萬的助理費，怎麼跟人ＰＫ？選區服務區補助費只有兩萬，在台北市可以租在哪裡？多出來的要自己出，不然就是去找贊助。那贊助怎麼來？這制度本身就是在鼓勵政商攪在一起。又是這樣因小失大，省每個月這些錢，讓政治人物跟商人綁得那麼緊，而且其實都合法，那怎麼辦呢？

選舉補助款、保證金也都是問題。為什麼選舉要繳那麼多錢，去證明你想參選，我這不是來報名了嗎？大家可能覺得說出來選、拿的選票不多，是浪費社會資源的行為，讓大家有多點選擇不好嗎？我覺得這門檻應該改成，選區裡多少人連署支持你出來選，這個機制比較有意義。例如台北市長的保證金要兩百萬，台北市有哪個青年可以不靠大黨拿出兩百萬。我還比較幸運，我的保證金是靠募款達成，中途會有無數筆花費。

青年參政，忍與韌

以沒有背景的青年來說，要參政，必須要會「忍」。忍耐的忍，忍術的忍。禁得起批評是一定的，還會有很多超過限度的、根本不算是批評的東西，也要忍，你必須經得起挫折，還要有堅韌度。忍之外，還要韌。在過程中，絕對不要忘記你做這件事的意義是什麼。因為政治工作沒有地圖，沒人跟你說怎麼走就可以怎麼樣。有意義在，你至少知道目標在那裡，當下做出的選擇，會讓我離目標更靠近。如果忘記意義的話，就會很危險，這個人可以做出任何事。講到青年參政，倒不是以年齡畫分，而是你主張的意識形態、你的價值是不是對年輕人有利。

像是 Bernie Sanders（美國聯邦參議員，美國國會史上任期最長的無黨派獨立議員），他雖然年紀稍長，但是很受年輕人歡迎。主張的政策比較起來是對青年有力的，這樣算不算青年政治？我覺得是。有些二代，雖然被說是青年參政，但他們主張的不是站在青年這邊的，就不要勉強說是。所以為什麼要支持青年參政，因為我們要盡量去打造一個對青年有利的環境，才能把這個生態做出來。並不是認為年紀大就無法當個好的政治人物，人民對青年參政的鼓勵，某程度上也是對過往政治人物表現的反應：這些年紀大的人就真的有一套嗎？那台灣為什麼會變成這樣，過去就是這些人在掌權，不都給長輩當幾十年了嗎？為什麼台灣還會有這麼多問題？與其抱怨，不如自己來做。

即使是同一政黨，大家的理念也會不同。有人會覺得絕對不能碰到其他黨的一根毛，有人覺得，在不違背核心價值的狀況下，尋求合作是可以的。社民黨的決策方式很特別，是共識決，並不是主席說了算。按照我的記憶，甚至也沒有投票過，開會真的會開很久。我們的架構又很特別，是兩個政黨要合作，再去登記一個新的政黨，不只有黨內還有黨外。綠黨更特別，他們會希望每個人都可以表達意見，再盡力去滿足每個黨員的想法。

政治和商場有些共通點，我一直認為組新政黨很像創業。老字號大公司的優勢是名聲響、資源多，但決策可能比較不靈活；而新創公司相較於老大哥，雖然資源少、沒知名度，但決策靈活、技術新、有彈性，有時反而可以給大公司致命一擊。所以人家說最好的企業是大象會跳舞，又大又靈活，集老字號和新品牌的優勢於一身。對於缺乏資源的新創小黨而言，致勝的契機可能稍縱即逝，靈活的決策與絕佳的執行力是關鍵中的關鍵。

我覺得綠社盟這次選舉，要記取一個教訓：為何作為新創的小黨，卻沒有發揮新創小黨的優勢？反而在組織面、選戰反應面，遲緩得像個百年老店？集結大黨的遲緩與小黨的欠缺資源於一身，要勝選，很難。就選戰技術上，我們的缺點是又小又不靈活，我覺得這是未來一定要改善的。不是不重視各種意見，而是如何有效率地決策，去執行決策的事。維持多元性，又能召喚到最多選民，那是滿需要改進的。我們做社會運動，需不需要走完最後一哩路？你要改變成真，就要把你的訴求落實成法條或是政策，要成真，你要有數量夠多的、理念堅定的盟友。

希望讓一般人、弱勢族群都可以更好

齊澤克引用過班雅明的一句話：「法西斯主義的每次興起，都證明了一個革命的失敗。」（Eevery rise of Fascism bears witness to a failed revolution.）我們號稱要做一個比較左的，不是超左，至少中間偏左的政黨，我相信走得下去，只是大家不要一直叫別人去做你想做的事。這個路線有個任務，大家對你有期待，你要好好走下去，不然人家會覺得這個路線做不起來。

就像店面，連開三間店都倒了，大家就會覺得這店面有問題。我們這個世代的人對中間偏左有期待，如果失敗，大家就會開始質疑，如果接連失敗，這路線就被否定掉了，會不會開始覺得這在台灣就行不通，那就糟糕了。

我對自己的期待是，能在政治工作者的位置上——不管這位置是哪個位置，我不喜歡說體制內外，因為內外很難分——至少是一個可以影響政府的，不管是影響立法還是影響行政的位置上，我可以影響，讓一些好的政策、好的法律可以盡量通過。

對我來說，所謂的好，就是可以讓人的生活變得更好的東西，這指的是一般人的生活，不是大老闆的生活，大老闆很會照顧自己，在世界每個角落都可以很好。我希望讓一般人、讓弱勢族群都可以更好，我在我的位置、用我的影響力去推動，能夠推動愈多，就是一個愈理想的狀態。沒有百分之百的完美，不是換一個總統就可以怎樣，台灣不是一天造成的，只是程度愈多，我會愈滿意。

如果沒辦法實現目標，那就是換個方式去實現目標的時候了吧。我參加社民黨組黨，有一個目標是，至少在二十年後，社民黨應該要變成一個，選民認為足以承擔執政的選項。不是說立刻可以執政，而是社會上有很多人願意認真思考這是個可以託付執政的對象。對我來說，這是社民黨的最好狀態。

范綱皓

剩下來，一起努力

2011 至今 性別運動—參與並組織團體參與同志大遊行，以及成立「性解放の學姐」粉絲頁，發起如：# FreeTheNipple 等新興性別運動

2012 師大住商爭議—生產論述、組織支持者參與各場行動，並參與後續社區工作

2012 士林王家—參與各場行動

2012 台東反美麗灣飯店—參與各場行動

2014 318 運動—組織全台灣大學罷課

2014 林義雄絕食反核行動—協助發放黃布條、卡片，並串聯校園反核社團

我，就是政治的產物

我是一個性別氣質跟一般男生不一樣的「溫柔漢」，也就是俗稱的「娘娘腔」。因此，我從小就被欺負。有一次，上廁所時，我被一群男生強行拉開小便斗「驗明正身」。這個舉動讓我徹底覺得被羞辱了，好像因為我很「娘」、陰柔，我就不配跟他們一樣擁有那根陰莖。

我還沒上完廁所就衝出廁所，躲到一個沒有人看得到我的地方，放聲大哭。我知道，我不能在他們面前哭。我哭了，就剛好正中下懷，讓他們逮到機會把愛哭跟很娘，做完美的結合。

所以，我長大的過程，就在面對「政治」——性別的政治。一個鄉下小孩，何來什麼資源可以對抗壓在我身上的父權體制？不過，我也這樣跌跌撞撞地長大了。十幾年來，我不知道台灣的性別觀念進步了多少，但是我知道在這個社會的很多角落，仍然還有很多像我一樣的男孩，一路走來，習慣與「弱勢」為伍，習慣與「霸權」作對。也因為這樣，我看清「性別中的政治」是怎麼一回事，也特別能夠體會，被欺負、被歧視、被壓迫是怎麼一回事。

這個社會，很多理所當然的事情，其實都不是那麼理所當然。這是我走上「政治」學到的第一課。

「天然獨」是怎麼來的？

高中，我讀了新竹高中。升高二選組別時，本來跟家人說好乖乖選填「三類組」，但是在交出選組單的那一刻，我叛逆地塗改成「一類組」。家人得知後，也沒有生氣，只說「自己選的路，自己負責」。

進入文組後，我要感謝我的國文跟歷史老師。我的國文老師，在教平仄判斷時，讓我反省不會母語的嚴重性。我的歷史老師，第一堂課站上台的第一句話是：「這本課本寫的東西都是假的，我說的內容也都是假的。歷史，要靠你們自己去解讀，你們要勇於挑戰別人告訴你的知識。」高中三年，每個學期的歷史講義，都厚厚一疊，比課本還厚。

我告訴自己，學習講客家話，是身為客家人的責任。講客家話，我才真正被召喚成為一個客家人，一個長在這塊土地的台灣人。更重要的是，我們要從自己出發，隨著生命經驗的不同，去解讀、思考「台灣人的歷史」。

身為客家人，本土化對我而言是什麼？客家人過去是如何跟這塊土地一起呼吸的？客家人過去是如何對抗不同時期的權威，又如何跟不同政權既抗爭又合作？這些問題，就算我當時沒有全部搞懂，卻深深影響著我對於追尋自我的態度，以及思想路徑的養成。

所以，「天然獨」說的不見得是「台灣獨立」，而是「關心土地、在乎身邊發生的事情」的態度，是「在不確定的年代，追尋自己是誰」的嚮往，更是「拒絕單一敘事，拓展多元可能」的能力。

屬於我們高中生的抗爭記憶

高三，面臨大考的壓力，是所有高中生最痛苦的一年。讀考試的書，真的很苦悶。

苦悶也就算了，如果還面對一個扼殺校園自由、傷害校園民主的主任，無疑是悶上加悶。這個主任，我們都叫他胖虎。他上任後，雷厲風行地抓服裝儀容、重新規定午餐訂餐事宜，也不願與學生溝通，甚至對於學生社團活動多所置喙。這些事情，都讓自由慣了的竹中生，無法忍受。

於是，我們發起了「貼紙游擊戰」，在校園中到處貼「倒胖虎」的貼紙，校園貼不夠，還貼到校外、市區、火車站，就是要讓大家知道，竹中正在進行一場屬於高中生的微革命。主任最終妥協了，放下身段與學生溝通，改變他的作風，倒胖虎行動才告一段落。

這場抗爭，不是什麼了不起的行動，但是它讓我們知道，面對權威，改變社會，承擔風險的人，永遠都是一個群體中的少數人。這一小撮人承擔著被記過、沒時間讀書、父母的責難，以及來自同校同學以「破壞秩序」為名的罵名。不過，結果是好的，它換來全體同學的權益與校園自由、民主，少數人承擔這些風險，又算得了什麼呢？

想要改變社會的人，必定要承擔別人不能忍受、不敢承擔的風險。我們只要記得一件事：我們要樂觀，我們要對未來有期待，事情一定會有所改變，哪怕只有一點點。

慢半拍的街頭經驗

離開了自由的竹中，我「意外地」讀了台灣師大。台灣師大是間保守的學校，但仍然關不住我叛逆的心。一個人隻身來到台北，簡直就是劉姥姥逛大觀園，接收到公共議題的資訊量大增，愈感受到城鄉差距的可怕。我以前根本不知道二〇〇七年發生過守護樂生大遊行。

直到二〇〇八年，陳雲林來台。學生站出來抗議，我也參與了人生第一場社會運動——野草莓。

這場運動最後無疾而終。回到校園後的我，開始厭煩系上所有教的課程，覺得那些落伍的經濟學、國際關係，根本無法應付瞬息萬變的全球化世界，也無法真正照顧到社會上的弱勢者。我下定決心要讀自己有興趣、有用的書，也起了想要讀研究所的念頭。

我去圖書館找了許多社會學與政治學的相關書籍來看，一方面增加自己的論述能力、另一方面準備研究所，希望下次改變社會的任務來臨時，我能有更好的準備，接下重責大任。

大學延畢的那一年，發生了「師大夜市」的住商爭議。身為師大人，我似乎是第一位站出來寫文章、分析整件事情的學生。我的態度很明確，社區的發展，不應該只有「設戶籍」的居民，更應該包含攤商、租屋者、學生，共同決定社區的未來。

師大夜市的抗爭，不是傳統意義上的社會運動。它既沒有激烈的街頭運動，也不涉及挑戰資本主義、不挑動國族認同，它只是居民為了維護自身環境的自發性抗爭而已。可是，住商的爭議，是台灣為求經濟發展，忽略城市發展的結果，它非常資本主義，也非常社會學。

當抗爭間接地使得社區的高級化、縉紳化，我很掙扎。我應該為居民站出來抗爭，實現草根民主而感到高興，卻又真實地感受到民主的決策過程，不一定帶來最理想的發展方案。

難道民主真的不能當飯吃嗎？不是的！關鍵還是在於，我們實現的是什麼樣的民主？想要改變社會，從社區開始札根，改善台灣社會體質，我們就要一點一滴地把經濟分配、多元文化等理想帶入基層，影響更多的人，台灣民主才能脫離「請客、吃飯、投票」的幼稚民主，或是由少數人決定未來的寡頭民主。

規劃的過程就是政治的過程

「回到社區」的想法，把我推向台大城鄉所。讀城鄉所，是我人生中很大的轉折。過去的城鄉所，跟現在的清大社會所一樣，都是「暴民」集散地。土地、勞工、原住民、性別……都是城鄉所關心的議題。

對城鄉所的學生來說，雖然我們學的是都市計畫、空間規劃、社區營造，但是我們始終站在主流規劃的另一端，對它提出最嚴厲的批判。所以，大家熟知的社會運動，士林王家、苗栗大埔、華光社區、紹興社區、反台東美麗灣，都可以看到城鄉所學生的身影。

我也曾經是這些抗爭中的一顆小螺絲。印象最深刻的是，反美麗灣。

那時，我看到網路上的宣傳，就一個人衝到台東縣政府前，抗議美麗灣補做環評。環評會議外頭，抗議民眾與被動員來的支持民眾，隔著一條街，彼此對罵。當我們準備把阿美族賴以維生的漁船「送進」縣政府，卻遭到警方百般阻攔，最終出動警棍才把我們逼退。我第一次，在抗議現場被警棍打。

一個部落一分為二，分別站在馬路兩邊、站在群眾面前，不得不執行勤務的原住民警察，因為一個程序不正義的違建開發案，一顆心被撕裂成兩半。比起被警棍打的皮肉傷，手足相殘的痛更令人難以忍受。

往後的日子，我始終謹記所上老師對我們的期許——「不要當乖學生」。我就這樣，一面讀著台灣社會的發展史、歐美傳入台灣的社會學理論，一面走上街頭尋找理論的在地實踐。

王丹老師在318運動時，寫了一篇〈這次學運中最讓我吃驚的一件事〉，說：「在現場的是台大城鄉所和清大社會所的，我也不奇怪，以前在各種場合都見過一些面孔了——那本來就是他們的田野。」這句話道出了幾分真實。

搞社運，是城鄉所給很多人的印象。但是，與其說搞社運，倒不如說，社運只是我們介入社會、改造空間的一種方式。對我們來說，「規劃的過程，就是政治的過程」這句話才是城鄉所的核心。

守護樂生、保存寶藏巖、捍衛士林王家、紹興與華光社區的反迫遷、反美麗灣……，這些土地的議題，挑戰了「空間專業」長期建立的專業霸權，逼著專業者去反省：「空間專業」忽略社會中的哪些面向？以往，建築師、都市規劃師都有很強的專業本位，他們在圖上、法規中的一筆一劃，牽連的是一大群人的真實生活。正因如此，規劃，不能只是紙上畫畫、牆上掛掛的「東西」，它更應該是積極向大眾張開雙手、公開透明、民主溝通、融合多元價值、整合各項領域專業的一門「專業」。

所以，我們在處理的是規劃，更是「政治」。服貿，對我個人而言，也是一樣的邏輯。政府中的官僚，對自由貿易的節制沒有反省、對國家認同的趨勢沒有掌握，甚至，連最基本的符合民主精神都做不到。

318運動就在這樣的背景誕生，立法院被佔領了二十四天。318運動結束的那一天，我深刻地感覺疲累。這二十幾天，夠了。台灣社會，短時間內，承受得起再一次的大規模抗爭嗎？318運動撐大了年輕世代對於政治的想像與熱情，剩下的，我們還要一起努力。

之後，我選擇投身政治工作，因為我想走進政府、靠近國家機器，一探究竟，甚至我期待有一天可以用政治的力量，改變台灣社會中動彈不得的沉痾。加入民進黨，更是因為我對它不夠滿意，希望能因為年輕人的加入而有所改變。這樣的選擇，我不知道是不是正確，但是，好的、壞的，就像我過去的人生一樣，總會學了一課。

陳廷豪

摸索前進

2010.8 ～ 2014.3 大學學生權利調查評鑑小組
2011.4 ～ 2014.8 台灣農村陣線
2013.7 ～ 2014.5 黑色島國青年陣線
2012.8 ～ 2015.4 小英基金會 想想論壇
2015.4 ～時代力量
2011.6 ～ 哲學星期五台北志工

偏藍與倒扁

大學之前，我是處於「不了解政治」的狀況，加上高中的校園又是一個不鼓勵討論政治的地方，所以對於政治的認識，最主要來自於家庭環境，以及來自主流傳媒的資訊。

我在一個偏藍的家庭中長大。從小家中就訂聯合報，周遭親人也很明顯表現出「不喜歡民進黨」和「討厭陳水扁」的態度。雖然很少聽到他們具有因果邏輯的論述，例如民進黨做了什麼事，導致台灣社會變得如何如何，所以對民進黨和陳水扁不滿等等。

現在回想起來，也許這就是所謂「黨國教育」深植人心吧。它，在我父母輩身上，成功地播下種子，並結出完美果實。而對我來說，印象最深刻的「政治啟蒙」自然就是「倒扁」事件。

「紅衫軍」發生在我高二的時候。在大眾傳媒推波助瀾之下，就我的認知，簡直就是一項「全民運動」，所有自詡為愛台灣的人，都認為要參與這個「百萬人民站出來」的活動。因此，我還曾利用某個假日，和我高中好朋友坐車北上，到凱道參與「倒扁」。

在當時的我看來，批評國家元首就是民主的象徵。什麼「無罪推定」、「程序正義」、「司法人權」，由於主流媒體不提，聯合報不講，親友們無知，導致我也不知道。關於阿扁無罪、查無證據、司法人權、保外就醫等事，都是我「長大」後才有所了解。

除了倒扁之外，另一個啟動我反抗因子的是，對校園規定不滿。從國中一直到高中，關於髮禁、襪禁、鞋禁等，一堆莫名其妙的禁令，常讓我對「教育」產生懷疑，也促使我決定大學選擇念教育相關的科系，以探詢「教育真理」。

參與社運與初觸黑幕

如願到了教育大學後，我也開始參與社會運動。

起初，因為是學生會幹部，得以參加學校的會議，幾次經驗下來，自己不免思考：雖然學生會往往被認為是學生和學校之間的橋樑，但「學生會」不是應該且直接代表學生的嗎？怎麼學校的行政和老師們還覺得，我們必須要先廣泛地收集學生意見，才能在會議中進行民意表達。另外，學生會得「承辦」學校歷年來的例行活動，例如園遊會、全校卡啦ＯＫ比賽，然而當我們爭取門禁開放時，卻是被強力要求噤聲。

看著課堂上滿口仁義道德、講得一口好「教育」的老師們，竟然在現實的校園政治上，態度如此保守。到底，學生的政治是什麼？這種不滿，後來導致一群來自各校的人，組成了「大學學生權利調查評鑑小組」。我們上街頭、開記者會，提出對台灣教育的批判；辦講座與讀書會，學習批評黨國教育的語言，以及分析新自由主義對校園影響的知識。

即便生澀，但我確實從此接觸到了「這個圈子」，發現這個社會中，原來受壓迫的不只是學生，壓迫場域也不只是校園，還有勞工、性別、族群、司法、人權、環境等等。同時也因為交友圈擴大的關係，知道了政治人物、關心國家大事、討論政治，還有，更有力地評論政治、批評政府、參與行動、創造行動。

然而，每次街頭抗議，面對官員們屢屢「依法行政、謝謝指教」的回應，持續累積的不滿，除了文字批評和社運行動之外，卻又找不到更有力的方法。此一時期參與社運的我認為，所謂「政治」就是一片黑幕，即便上街頭抗議，仍然無法有效地撼動體制，更不知道事情是怎麼被決定的。

投身社運和想想論壇

隨著中國國民黨荒腔走板的施政，社會運動進入了一個烽火連天的時代，社會上各種議題層出不窮，例如性別、新移民、勞工、農村、都更、原民、反媒體壟斷、反服貿等。公民團體到處聲援和救火，也因此形成了更緊密的人際網絡。隨著參與的次數增加，我也逐漸聚焦關注的議題與團體。例如，關注大學生學權議題的學權小組、關注台灣農村議題與反對濫徵農地的台灣農村陣線、反對與中國簽署服務貿易協議的黑色島國青年陣線，還有參與舉辦眾多青年活動的青平台基金會。

參與的過程，也讓我決定選讀社會學研究所，希望得以更加投身和進入。同時，因為爬梳文獻資料的關係，我認識到了台灣追求民主化的歷史，漸漸地從對政府官員的不滿，轉向對中國國民黨的不滿，並建立起台灣的主體意識。

另一方面，因緣際會下，我到了小英基金會的「想想論壇」兼職。這是一個看似很政治的工作場域，卻「很不政治」的部門，主要工作內容是上稿和寄稿費。又因為是兼職的關係，所以並不自覺有任何政治上的權力，單純視為一個打工的地方。就在這樣「單純」的工作環境裡，還是認識了一些政治人物、幕僚、國會助理，與他們作為朋友的相處中，因意識型態和對社會改革的看法相當接近，潛移默化地累積起對政治的意識。

關鍵轉捩點

從二〇一四年初起，社會運動仍在如火如荼進行時，身旁陸續有認識的人投入年底九合一的選舉工作，特別是社運參與者，大家也會討論參選、助選等話題；加上自己的工作場域，也有朋友加入第一線的選舉行列，有機會聽到他們分享的心得和想法，漸漸地，讓我對於選舉和政治人物，心理上相較之前不再那麼排斥了。

其次，是「太陽花」運動，特別是318和323的晚上。

318，是我們攻佔立法院的日子。隔天凌晨，警察在議場入口廣場集結，看似正準備破門清場。這時，民進黨立委，還有一線的政治人物，集體坐在議場門口前的階梯，擺出防止警察進入的陣勢。即便當時警方的集結，只是單純的輪班或是防守，但我想相信，做為在野的民進黨，就是企圖阻止警方前進。323，攻佔行政院當晚，民進黨政治人物在清場前進入行政院靜坐，即使最後仍無法有效阻止警方行動，但他們確實也遭到水柱攻擊了。

「在現場」這件事情，當時的我感覺是，政治人物即使無力可回天，仍然在政治結構中，具有一定的能動性。因此，當身旁理念相近的人陸續投入選舉，又看見政治人物的個人能動性，為我對「政治」進行了除魅，未來不會再排斥從事政治工作。

最後，「第三勢力」的組黨也是關鍵。

由於積極籌組政黨的朋友，是社運的夥伴，所以我也被捲入人際網絡之中。長期而言，我認為台灣政治需要的，是本土政黨之間相互的良性競爭，以及在一個組織剛起步的階段，為組織所做的貢獻程度和獲得的意義感，會大於既有的穩定組織。於是，我便選擇了加入「時代力量」的陣營。

認知的變化

回顧這些年來的變化，首先是政治意識的傾向。從小的家庭教育，和在主流媒體強力宣傳下，我參與了「倒扁」，甚至還一度相信「民進黨是一個比國民黨還要貪的政黨」，因而原本的政治傾向比較偏藍。經過社運的洗禮和啟蒙，吸收並學習了台灣民主化的歷史，便「覺醒」成為了較具有台灣主體意識的自我，相較於中國的藍，成為台灣的綠。

其次，在人情態度上，過去因為社運的立場，是一種「排他」的政治思考，會對全台灣的政黨，特別是當時執政黨國民黨，和最大在野黨民進黨，都認為必須與之保持一定距離。甚至常有「二者一樣爛」的論述，以做為社會運動的行動基礎。

然而，當身旁政治圈的朋友多了，加上自己也成為了時代力量（政黨）的一員，因位置選擇的不同和人情網絡的交疊，我變得更在意「合作」了，例如在解決事情的角色分工上，時代力量會提出公民團體的立法草案，而當民進黨推出不錯的議案時，也會選擇支持。

政治行動方面，以往常常會以「反對者」姿態出現，抗議政府的某些施政，例如反核、反濫徵農地、反媒體壟斷、反（不當）都更、反服貿等。參與政黨工作後，明白自己比起一般人，因為人際網絡的關係似乎更為接近國家權力，為了打造更好的國家社會制度，反而是如何「建設」成了主要的思考方針，還有在建設的過程中，一點一滴實踐自己的政治理想。

陳為廷的社運之路

邱彥瑜 採訪

2006-2009 讀建中，加入建中青年社
2008 參加野草莓學運
2009 創立苗栗後生讀書會
2009-2014　讀清大人社系
2010 創立清大「基進筆記」
2010 參與大埔農運，加入台灣農村陣線
2012 參與華隆罷工
2012-2013 參與反媒體壟斷運動
2013 創立捍衛苗栗青年聯盟
2014 參與太陽花學運
2014-2015 就讀清大社會所中國研究組，後被退學
2015 參與苗栗縣立委補選，17 天後退選
2015-2016 參與邱顯智選戰

問：一開始怎麼會接觸到社會運動？對政治的想法是什麼？

答：我高中念建中，加入建中青年社。

高一下編校刊的時候，去寶藏巖，採訪一個迫遷議題。第一次看到有人在搞「學運」，自稱寶藏巖「公社」，牆上都貼一些切．格瓦拉、馬克思的照片。覺得很神奇。就自己去找學運的資料。

後來在書店翻到何榮幸寫的《學運世代》，才知道「野百合」不只是課本上一張很多人齊聚中正紀念堂的照片，背後其實有整個80年代，全台各地學運的故事。就覺得很有趣，想在下一刊的校刊寫這個專題。

當時最困惑的是，為什麼我們這個世代，對這段過去那麼陌生？

其實我是一個苗栗小孩。之所以選擇來建中，就是因為國中老師給我一本楊照的《迷路的詩》，寫70年代建中生的反叛。看他們讀存在主義來把妹、把教官推下蓮花池、爭論鄉土文學論戰和美麗島大審，就覺得很嚮往。但真的到了台北，發現根本找不到這種叛逆的蹤影。大家每天討論的還是去哪補習、什麼遊戲好玩、下課去哪打咖。

我開始蒐集一些資料，也跑去台大社會系訪問范雲。才知道台大那時有大陸社、大新社、大論社這些社團。

有一天，我突然想說，這些社團現在還在不在？一 Google 發現，大陸社的 BLOG 竟然還有更新，而且還正好每周在舉辦「學運影展」！後來，我就常放學過後晃去台大，看完電影跟那些台大生討論學運史，發現自己懂得都比他們還多，很有成就感。

那時候台大同時還有大學新聞社、意識報社、濁水溪社這些學運社團。我一一去結識這些學長姐。他們也帶我進入樂生療養院、三鶯、溪洲部落等地的迫遷現場。我第一次抗爭，就是為了樂生。學長有天晚上突然敲我，問要不要去堵剛上任的馬英九上班。當時認識的這些人，也是後來運動中重要的夥伴。

那是差不多整整十年前。這十年來社會氣氛變化之大，可能後來的人很難想像。那是一個非常苦悶、犬儒的時代。民進黨眼看要亡黨，國民黨隨即要班師回朝。

我進高中的第一個禮拜，就碰到倒扁浪潮。有一天學校還提早放學，教官廣播叫大家早點回家、切勿逗留。當時有些高中生也覺得倒扁很正義，會前去參加。我當時沒什麼想法。但因為一個個人的因素，始終對這個運動存疑。

那主要是因為，我小時候得過「總統教育獎」。那是阿扁上台才設立的獎項，鼓勵像他那樣「力爭上游」的小孩。當然現在回看起來，也有「神話領袖」的味道。但在當時，國民黨把這議題拿來炒作，硬要把這個獎定位成羞恥的象徵。ＴＶＢＳ那種電視台就會去逐一採訪受獎兒童表態，硬要拍到他們說出：「我拒領這個獎，因為我不要阿扁的髒錢。」

無端捲入這種爭議，讓我們過去這種受獎人立場尷尬。我還因此寫出人生第一篇投書，來控訴國民黨的政治操作。當然也滿好笑的。但也因為這樣被政治捲入，所以對紅衫軍高舉「道德」的訴求存疑。覺得那你們這樣無端捲入弱勢學生，又算什麼「道德」？

另方面，扁政府後期為了挽救支持度，開始訴諸基本盤，走急獨路線。包括推動入聯公投、拆中正紀念堂。

這如今看來，當然都是正確的事情。但任何人都看得出來，到執政後期才來做這些，不過是為了掩蓋自己的貪腐疑雲。那麼「台灣獨立」、「轉型正義」，就似乎也成為一種遮羞布似的骯髒詞。你很難為他辯護。

舉例來說，那時候中正紀念堂的爭議正熱，我在校刊上刊登一張把水桶蓋在校門口蔣介石銅像頭上的照片。結果校方很緊張。我被教官叫去學務處，校長、學務主任跟主任教官一字排開，問我這照片想幹嘛？

高中那三年，我也沒在校內搞過什麼學運。那時我想，哇，傳說中的打壓，總算給我遇到了吧。但當他們問我這個照片想表達什麼，我也不敢提「轉型正義」。我只說……這是一個後現代多元的呈現。校長也不置可否，說好吧，如果有記者來訪問，你回答要小心一點。

又比如說，二〇〇八年總統大選，民進黨選情有夠悽慘。我和學長走進 Freddy 那時在公館搞的一個「逆轉總部」，聽楊大正和他合唱的〈逆轉勝〉。看他們播《再見列寧》的電影。走之前，買了一件胸口寫著「建國」的 T 恤回學校穿。但被問起這什麼意思的時候，也不辯護，就說，哎呀，這校慶紀念 T 啦。

不久後，國民黨班師回朝。民進黨的立院席次跌到27席。許多人預測，二十年內，民進黨將難再執政。

不過，也是在這種苦悶的氣氛下，大家開始去追索學運世代的歷程，也才會有「學運影展」那樣的活動，同時舉辦各種學運史的講座，試圖從那裡得到養分。儘管我們完全無法想像，短期內，還可能有野百合那樣的大型學運發生。

我一直記得有一場座談，邀請馬世芳跟張鐵志對談。馬世芳說，野百合學運前夕，其實他們已經覺得到了八〇年代學運的尾聲，曾經去訪問學長鄭文燦，還可不可能有一波新的學運浪潮，訪問完一個禮拜後，就發生了野百合學運。

結果，這場講座完隔沒多久，就發生了野草莓學運。

野草莓之後，抱持著挫敗感，大家覺得應該要回到校園，在各地成立學運社團。我後來沒考進台大，但二〇一〇年，我在清大也成立「基進筆記」。清大當時沒有學運社團。我們創社，算是銜接上二〇〇〇後就斷了的學運傳統。那時除了編刊物，也辦講座、參加遊行。此外，大埔農運也在那時竄起，我們都參與其中。

問：從高中開始你組織後生讀書會，二〇一一年投入民進黨苗栗縣長候選人楊長鎮的團隊，為什麼會想回苗栗？苗栗對你來說的意義是什麼？

答：對一個苗栗小孩來說，到台北來後，才發現很多資源是難以想像的。

那時還沒有手機網路，聽廣播要靠ＭＰ３，以前很多覺得厲害的作家、政治評論者，你每天都可以在廣播上聽到他們的節目；台北每天都有各式各樣的座談，你可以隨便去聽。還有，台大學運社團的活動，可以自由參加。

甚至像高一那年寒假，我參加國科會辦的「高中生人文及社會科學營」，那也是很啟蒙我的過程。密集十四天，從早到晚，含括人文及社會科學各學門的講座，每個小組還配一個博士生來帶小組成員進行密集的討論。讓我感觸很深的是，國科會這個計畫就是重點投資明星高中的學生，小組內一半以上是來自台北名校。沒有半個來自苗栗的高中生。因為對他們來說，光是要知道這營隊訊息就不容易，知道了還要申請、面試，都是相對高的門檻。

經歷那些抗爭，對我最大的影響是，我開始反省自己得到這些資源，是否只是幸運？同樣的資源，有沒有可能分享給苗栗那些高中生？另一方面，我也在想，台北有那麼多迫遷議題，苗栗又何嘗沒有？但台北有那麼多學運、社運團體可以協助抗爭，不缺我一個。那我為什麼不回去苗栗，協助自己的家鄉呢？

高中最後一個學期，我就想，應該把我在台北這三年學到的東西、獲得的資源、結識的人脈帶回苗栗，也同時組織一個團體來關注議題。於是，就有了「苗栗後生讀書會」（後生，是客家話年輕人的意思）。我跑到苗栗高中跟建台中學的校刊社，藉辦社課之名，邀請一些同是苗栗人的作家、知識分子，像李喬、甘耀明、藍博洲這些人回來演講。

同時，在前一年野草莓的運動裡，場上認識一個同為苗栗人的台大社會系學生，叫邱星崴，他也已經相當積極在把身邊的資源帶回苗栗農村，進行一連串的訪調工作，並參與剛成立的台灣農村陣線。於是，我帶著後生會的高中生去到他老家的農村，學習訪調的技巧，重新認識苗栗地方的產業、政治、經濟、文化。後來，我們也一起投入大埔農運。

認識愈深，你就對地方政治愈感到好奇。

剛好也是那年年底，要選縣長。民進黨派來的候選人叫楊長鎮，是個讀書人。看了他一些文章，我覺得很有趣。有天就騎腳踏車，單槍匹馬走進競選總部，說要找他聊聊。那個晚上，他好像剛跑完一整天的競選行程，正要準備隔天的資料。但我一屁股坐下來，說要跟他聊，他也就跟我聊了起來。結果從台灣獨立、到苗栗地方政治、到什麼叫後殖民主義（我那時候在讀陳芳明跟陳映真的論戰），竟然聊了一個多小時，期間他幕僚數度不耐煩的來打斷，但他都表示沒有關係。

我那時很驚訝，原來還有這樣的政治人物。於是，兩年過後，當我們已經又累積了一些社運經驗，他再度投入苗栗立委的選舉，我就順理成章地拉著在台北認識的夥伴，一起回鄉助選。說是助選，但也只是一支弱弱的青年軍，負責最外圍、最基礎的勞動，核心的政策和組織都由較資深的幕僚負責。

我們最常做的事，就是周五晚上回到苗栗，就在車站跟夜市駐唱跟宣講。那是和過去搞社運截然不同的經驗。過去你或有演講，也是針對「同溫層」的參與者。但現在，你必須面對截然不同的保守大眾。更何況，那還是苗栗。

印象最深的是，即便大埔農運在前一年已經引起全台軒然大波。但當我們在火車站前，對著來往群眾講述「土地徵收」、「國民黨金權政治」等等拗口的詞彙時，仍沒有人理會我們。人潮只是不斷越過我們，搭上接駁車，去看劉政鴻借貸史無前例的債務，舉辦的一個又一個煙火式的「國際音樂會」。

那讓我們開始反省。或許不是這些人們不夠理解政治，而是我們自己不夠理解他們。我們或許認識了個別的社運議題，但那只是理解政治的一小塊拼圖。要能更深入地說服大眾，做出改變，靠的不是課堂上學到就拿出來花拳繡腿的理論，或什麼華麗的詞藻，而是更細緻地調查和分析，去理解這些眾人的想法和處境。

舉例來說，土地徵收就是後來這幾年苗栗舉債開發、圖利財團的一部分。這影響苗栗財政甚鉅，讓苗栗成為全國負債最高的縣市，甚至瀕臨破產，連公務員的薪水都要發不出來、營養午餐被迫取消。必須把中間的關聯一一串起，才有辦法具體讓眾人理解。

要說那次短暫的助選經驗，讓我們學到了什麼，大概就是這個。

問：318過後，你都做些什麼？為何做這些？二〇一四年底，你為何會選擇回苗栗參加補選？雖然只有兩個多星期，你認為那次選舉對你的意義是什麼？

答：318過後，雖然暫時擋下服貿。但其實你仔細回想，中共和馬政府卻絲毫沒有停止運作的意思。立院退場後，中共似乎等了一個月調整戰略，但到五月，張志軍馬上就來台灣，準備進一步談兩岸互設辦事處、軍事互信機制等涉及政治談判的議題。六月，香港面臨一連串打壓，一直接連到後來的七一、和雨傘革命。在這當中，甚至傳出馬政府本打算趁「823砲戰紀念日」的時候，跟習近平在金門進行馬習會，順勢簽署〈兩岸和平協議〉的消息。

不論香港台灣，都面臨很詭譎的氣氛。我們身處其中，總是覺得有責任有所反應。所以我甚至去了香港闖關，也是為了凸顯港台處在共同的困境之中，讓國際關注這個訊息，給中共壓力。另一方面，國民黨在立院還是多數，仍時時刻刻想強推他們的《兩岸協議監督條例》，貨貿協議的談判爭議也浮上檯面。我們還得時時到立院外施壓，怕一不小心，這些東西就會被強推通過了。

除此之外，還包括一些國際上的角力。像日本的左右翼團體因應自己的需要，也會分別邀請我們或其他運動夥伴去日本訪問。但其實，要同時理解、應對那麼多的議題，根本遠超出我們的能力。

我們當時的處境，其實就像是一個政治人物。任何議題都期待你發聲，動輒得咎。但你其實沒有相應的資源做你的後盾。所以我們也成立島國前進，希望建立自己的論述團隊、建立自己在各地的組織，同時推動公投法補正，以因應即將到來的兩岸涉及主權的談判。

後來很多人問，第三勢力為什麼不在二〇一四的地方大選就組黨投入？但面對這些應接不暇的局勢，實在是很難一夕之間就組織選舉部隊投入選戰。

但，年底大選一舉翻轉了地方藍綠版圖。全台只剩兩個地方維持原樣，一個是南投，另一個就是苗栗。

如果其他地方沒有贏那麼多，也許苗栗立委補選就不成議題。但只剩苗栗沒翻，反而成了一個戲劇性舞台，讓全國矚目是否有加碼翻轉的可能。加上當時我們也認知到，二〇一六第三勢力組黨勢在必行，如果可以在這次補選上搶下灘頭堡，那就士氣大振。於是我找來我們這個世代的精銳部隊，打算大幹一場。

當然，後來的事情，大家都知道了。

決定參選前，我其實處在一個進退兩難的局面。一方面大家也期待你參選，畢竟你累積了那麼多光環，此刻就是該拿來用，即使不選，之後二〇一六的選戰也會一再面臨是否參選的質問；還有，我自己的難處，也很難拿出來傾訴，因為一旦說了，或許就成為隔天的新聞標題。但我當時想，好吧，既然要我選，我就選了吧。後果如何，大家就一起承擔。

退選後，我其實如釋重負。光環落盡，不再有人對你有政治上的期待；自己也不用再提心吊膽，想著這顆未爆彈何時會引爆；也有更多空間，面對曾經的過錯。

競選團隊在那之後四散。我們的學生時代，也彷彿在那時，正式結束了。

後來的選戰中，大家各自進入既有的或新興的政黨中拚搏。一些曾在同一個「同溫層」的大家，在民進黨正式執政後的今天，也逐漸出現歧異，在個別議題上，彼此不解、互相攻擊。有人說，今日在民進黨內的許多過去的夥伴背棄了理想，但我想，進入體制內去看看、實習，倒是無可厚非。反而是二〇一八、二〇二〇前後，當民進黨的執政再度受到檢驗時，你要在黨內改革也好，或是轉投入第三勢力，或回到社運組織內拚搏，那才是真正的考驗。

有時，不禁會想，如果我們一群人，當真在苗栗那場選戰中建立了灘頭堡，會是什麼局面？當然，也只是想而已。

許韋婷 無力者的實踐

2005 大學法修法運動—串連各校學生會連署並遊說各黨團立委，成功將學生自治相關條文寫入大學法
2008 野草莓學運，參與靜坐多日
2009 至今 同志大遊行—組織支持者組隊參與
2010 至今 反核大遊行—組織支持者組隊參與
2010 至今 五一大遊行—組織支持者組隊參與
2010 大埔事件—辦理各項營隊、工作坊、座談等各類活動擴大參與者，並組織支持者參與各場行動
2011 反國光石化—辦理各項營隊、工作坊、座談等各類活動擴大參與者，並組織支持者參與各場行動
2012 士林王家強拆案—辦理各項營隊、工作坊、座談等各類活動擴大參與者，並組織支持者參與各場行動
2013 至今 爭取打工度假族 / 背包客勞動權益—創辦 T-WHY 台灣打工度假青年，辦理勞教、協助個案討回欠薪、串連澳洲工會和其他在地組織支持與協助背包客、總籌 2016 年五一跨國行動反背包客重稅
2014 318 反服貿運動—總籌 330 雪梨聲援台灣反服貿集會、協助澳洲其他城市籌備工作

我，就是政治的產物

二〇一二年九月十九日，我踏上和台灣氣候完全相反的南方大地——澳洲。一開始，我彷彿自我放逐似地在農場待了三個月。採番茄和櫛瓜帶給我許多身體上的痛，但這些都是可以透過藥物和瑜伽舒緩的，不算什麼。倒是明白了自己真不是待在農場的料，生活雖然愜意，卻毫無成就感，還經常感受到「百無一用是書生」的無奈，眼睜睜地看著代表生計的番茄和櫛瓜被快手們搶走。還好後期在親朋好友的越洋鼓勵下，心情調適過來了，並且藉由書寫，記錄下用身體深刻感受到的勞動者處境，過往讀的左派理論，因此不再只是書頁中的幾行文字，而有血有肉了起來，還成為我後來與三位夥伴成立「T-WHY台灣打工度假青年[1]」的動力，投入改善台灣青年在海外工作所遇的勞動剝削問題。

但真正讓我找到內在能量的，是在澳洲綠黨工作的那一年。我不僅參與了兩場精彩的競選，在最後迎來勝利；還讓我重新經歷一個從無到有的過程，探索、考驗和證明自己，並且在這過程中獲得充沛的能量，這些都是我出發時不曾想過的。更讓我意外的是，我還因此見證了人民的力量，回國後更毅然決然地投入社會民主黨的組黨工作，參與二〇一六年國會改選的輔選。

在陳水扁震撼下形塑對政治的認識

我接觸政治的起點，是小學六年級時，從表舅書架上找來的《陳水扁震撼》。因為這本書，我認識了美麗島事件和其他課本上不會教的台灣；但也是因為他，我很早就經驗到理想幻滅是怎麼一回事。從公娼阿嬤們的眼淚、農會改革的妥協、核四停建又復建，到強拆樂生療養院，阿扁每一次的妥協與退讓都在在地刺傷著我，也影響我對政治的認知。所以當貪腐案這最後一根稻草出現後，「政治」對我而言已只是有權有錢人才玩得起的遊戲，「民主」則是這群少數人獲取或保有權力中用來哄騙無力者的障眼法。

在這樣的認知下，對我這樣一個懷抱著讓台灣更公平正義的理想，卻對追逐權力毫無興趣的人而言，尋找可以讓自己實踐理想的位置，儼然是生命裡最重要的課題。

在學生自治的世界裡嘗試實踐的方法

政大每年在新學年開學前都會舉辦社團聯展，許多剛從升學壓力中解放出來的大學新鮮人，都會好奇地一攤一攤的逛著，尋找最有趣或跟自己最意氣相投的社團參加，而我一進大門，就直奔學生會，並且直接在申請書的部門意願調查欄位，寫上「權利部」三個字。

我很幸運地一開始就遇到對改革充滿熱誠，也對後進相當提攜的學長姐。他們帶著我從厚實知識的讀書會開始，一路到編寫揭發學權相關事件的會刊、向行政大樓丟水球抗議宿舍長期熱水不穩定、辦記者會引進校外輿論壓力，趕走廣受學生批評卻一直標得學校餐廳的廠商；接著，參與人生第一場選舉，輔選學長們競選學生會正副會長，並在勝選後擔任秘書長一職，協助管理近百人的學生會行政組織。第三年，自己人生第一次參選，卻因為羞於向同學拉票而敗選，沒能選上可以影響校務的學生代表。原以為學生自治這條路就此結束，卻被學姐找去學生議會擔任秘書長，推動修改學校組織章程，增加各級會議的學生代表。第四年選上學生會長後，和台大的學生會長合作，串聯各大學學生會連署、拜會並遊說立委，將學生自治所需的各項條文納入新修的大學法中。

在這四年，從所謂的「體制外到體制內」、從基層幕僚到學生會長、從行政到立法、從一校的學生事務到影響全國的大學法修法運動，無役不與的結果，讓我有機會嘗試各種不同的實踐方式，經驗每一種實踐所帶來的挫折與喜悅、失敗與成功，並因為在立法行動中獲得較多的成就感，發現自己對體制內工作的偏好與潛能。

在馬政府的國家暴力下深感無力

儘管阿扁讓我體認到理想的幻滅，在學生自治領域的經驗，還是讓我覺得只要找到好的實踐位置，無力者也有奮力一搏的機會。但挾持著高民意重返執政的國民黨政府，在短短的四年內，除了延續拆除樂生的政策，更陸續爆發差點毀滅濕地的國光石化案、破壞環境的美麗灣案、怪手搗毀良田的大埔案，以及為了迎合中共，放任警察沒收國旗、阻止上揚唱片行播放台灣歌並停止營業等自我矮化國格之舉的陳雲林來台事件，雖然激發越來越多民眾投入社會運動，卻也因為一次次的失敗，讓我和其他人累積著越來越多的無力感。

與此同時，我也看到社運場合複式動員的問題，以及社運參與的斷層。為了擴大相同理念的陣線，我在畢業後即投入青年培力和組織的工作，藉由各式創新的軟性活動，吸引年輕人關注正在發生的社會議題。我更相信，只要對公平正義有著基本的認同，即使是身處不同政黨的人，都有可能團結在相同的理念旗幟之下，所以，我也嘗試開拓和不同政黨的人合作的可能性，不料因此遭受誤解和傷害。我終於認清在現實政治的場域裡，權力的競逐和鞏固比理想的實踐更重要，因為權力是實踐理想的重要工具。然而，如果這是鐵律，一個沒有權力的人，還有實踐理想的可能嗎？至少當時我無法在台灣找到可能性，直到參與了墨爾本的選舉。

無力者組織後的巨大力量

二〇一三年二月二十八日，因緣際會下以實習生的身分投入澳洲綠黨聯邦眾議員 Adam Bandt 競選連任的團隊，並負責組織華人的工作。剛開始，民調顯示我們和對手的差距只在一百票之間。為了開拓更多票源，團隊將目標指向新移民，包括華裔、阿拉伯裔、非洲裔和越南裔移民。除此之外，整個競選團隊以「草根選舉」為主軸，在短短六個月內組織二一、二八一名志工投入，詢問二三、五五二七人「在乎的議題」是什麼，並且仔細紀錄每一次對話。這個過程不僅讓我們從中找出人民的需求，也使得人民踏出政治參與的一步，最後做出拒絕兩大黨支配的決定，不僅保住全澳唯一一席綠黨眾議員，而且還是跌破許多政治評論家眼鏡的大勝[2]。

但這不只是 Adam 的勝利，也是人民的勝利。勝利也沒有只停留在那一天，墨爾本人透過持續的參與，為他們「在乎的議題」挺身而出，使得作為代表的 Adam，即使是國會的少數，仍擁有強力的後盾，可以扭轉或至少阻擋那些傷害人民的政策，或推動例如爭取孩童免費牙醫治療的福利、捍衛乾淨能源的預算、保障消防員和建築工人的勞動權益等攸關人民福祉的政策。

歸國投入新政治組織工作

澳洲輔選的經驗，讓我對於多黨政治以及草根民主不再只是想像，也隱約找到無力者實踐理想的可能性。更讓人振奮的是，太陽花運動讓我看到群眾的動能，台灣政治似乎有了改變的契機。因此，二〇一四年九月底回國後，先是投入公民組合，和一群志同道合的老朋友、新夥伴發起「青年返鄉投票專車」計畫，並在選後與公民組合裡理念較為相近的范雲、陳尚志、嚴婉玲等前輩一起籌組「社會民主黨」，從零開始政黨組織的工作。

註：

1. 因為撰寫調查報導〈被忽視的跨國勞動新篇章——打工度假〉，我認識了其他也遭遇勞動剝削，想起身做些什麼好改變現狀的夥伴，討論後，決定在二〇一三年共同創立跨國組織 T-WHY 台灣打工度假青年（Taiwanese Working Holiday Youth），專門解決打工度假族在海外工作的勞動剝削問題。創立至今，不僅協助許多背包客爭回應有的權利，更多次讓此議題躍上澳洲最大的公共電視 ABC 新聞和專題報導中，成功引起台、澳政府的關注，破解過去兩國政府以「度假」的美好面紗，遮掩青年「打工」時，做為底層勞動者所面對的困境。目前正和韓國、香港的打工度假族以及澳洲工會共同推動澳洲各項立法工作，並試圖在台灣進行源頭管理，扼止仲介在抽取巨額仲介費後，卻將台灣青年送往澳洲從事違反當地勞動法令的低薪工作之惡行。

2. 關於這次的輔選經驗，請詳見拙作〈第三勢力如何崛起？澳洲綠黨輔選觀察筆記〉。

曾柏瑜

零到一百的路上

2013 818 拆政府
2013 全代會丟鞋嗆馬
2013 拒絕服貿闖關立法破黑箱集會
2014 318 佔領運動

社會改革者

我的政治啟蒙算是蠻早的，那和我的家庭背景有滿大的關係。

我的爺爺是白色恐怖的受害者。爺爺家境不錯，讓他讀到高中畢業，在那個年代的鄉下地方，已經算是知識分子。年輕的時候，因為幫隔壁鄰居的小孩補習鐵路特考，被誣告成立讀書會、讀共產思想，進了監牢。家裡散盡家財賄賂檢察體系，終於才把人從監獄裡救了出來。

從此家裡不談政治。直到某天，家裡收到了賠償通知。

因為家裡閉口不談爺爺的遭遇，甚至連我爸爸都不知道。扁政府時期，通過白色恐怖冤獄賠償條例，一紙公文寄來，我爸的震撼可想而知。

為了了解當年到底發生什麼事，他開始研究台灣史、閱讀大量的白色恐怖解密資料，從一個對政治不太關心的人，變成一個政治狂熱分子。我還記得，我第一次走上街頭，就是爸爸帶著去的。

我在爸媽的鼓勵之下，國小就開始讀台灣史，爸爸喜歡和我討論政治，總是要我針對新聞發表想法，我是他最忠實的聽眾，也是最常和他一言不和大吵一架的逆女。

我從小被鼓勵叛逆，國中在學校發起開放髮禁的運動；高中愛蹺課；升旗時從不唱國歌，因為不知道為什麼國歌要有「吾黨所宗」，於是被教官罵了一頓，媽媽則打電話到學校罵人。

後來，偶然接觸到社會學，發現我的叛逆並非只是青春期使然，原來那些心中覺得不合理、不太對勁的東西都有得解釋，我的人生從此開啟了新地圖。

差不多就在同一個時間，也下定了決心，要將社會改革者成為自己的志業。

走入社會運動

不過，回想起來有點害羞，那時候的我對於社會改革到底該怎麼做、有什麼意義，還模模糊糊，直到現在都很難說得清，只能說那時好傻好天真，一味想當個專職社會運動的人。

但我還是朝自己以為能夠走到社會改革的路前進了。讀了政大社會學系，開始到處參與社會運動，充其量還只是個跑趴青年，聽到有遊行、抗議，就盡可能參加，以至於課堂出席率慘不忍睹。

即使如此，因為家裡經濟狀況不太好，上了大學之後，不想跟家裡拿錢，自己還兼了幾份工作，服務業、補習班、校內行政工讀、外包網接單……，課餘時間塞得很滿，並沒什麼時間真正參與一個運動。

那段時間，每次離開抗爭現場，常常有種深深的焦慮感。就像每年的反核大遊行，在人群之中熱血吶喊口號，總有種錯覺，以為明天就要非核家園了，可是當曲終人散，上了捷運，發現前後左右的人根本沒有一個在乎，一次又一次，忍不住會想，到底什麼時候才能成功呢？

二〇一三年，是社會運動風起雲湧的一年，那年發生了反媒體壟斷、洪仲丘事件、關廠工人抗爭、苑裡反瘋車、大埔事件……那個暑假，我感覺非常躁動，一直記得七月十八日那天，坐在咖啡廳裡盯著螢幕上重複播放的新聞——怪手鏟掉了我前兩天才造訪的房子。

那一天，我決定離職，參與社會運動組織。

因緣際會之下，我加入了黑色島國青年陣線。當時，服貿還是一個冷門議題，黑色島國青年陣線也沒幾個人。我們參加了每一場公聽會，在凱道靜坐，得到的關注不多，可是開始有了組織夥伴，那種不知道何時會成功的焦慮，稍稍緩解了一些。

隔年春天，那場激昂、熱血又充滿傷害和誤解的佔領運動，我被捲入了洪流當中。

兩個齒輪

那一場全台灣緊盯著的運動，其中的得失、傷害和愛，就不在這裡討論，讓我們飛快掠過它，免得傷感或耽溺，只談我們從立法院議場離開了之後。

離開議場以後，我有段時間非常痛苦。那個當下，我認為這場運動非常失敗。我們花了那麼高的成本，卻沒有得到實質的政治影響力，我們的訴求一個也沒達成，除了前院長老王的一紙承諾，什麼都沒有得到。努力了半年的運動就像燦爛的煙火，碰的一聲，有些人或許為片刻燦爛感動，留下的卻是難聞的硫磺味。

我無法面對自己，上過一些政論節目，出門買個便當都會被認出，我無法忍受那些叔叔伯伯阿姨，泛著淚光告訴我「是你們救了台灣」，我覺得無比羞愧，我不敢出門，也不敢去上學，把自己關在家裡，生活難以自理。

我開始懷疑自己，到底社會改革是什麼？已經有五十萬人走上街頭，已經佔領了立法院，很難想像在我有生之年，會再有一次比318佔領運動強度更高的運動，除非就是革命了。可是這樣一場前無古人、可能後也沒有來者的運動，卻什麼都改變不了，那麼社會運動的意義到底是什麼？社會運動真的可以改變這個社會嗎？到底是社會運動的問題，還是人的問題？在這場充滿交換、充滿權力不對等、發話權不對等的運動中，這些交換、交涉、談判都讓我覺得噁心。

可是我竟表現得很好，好到自己同樣覺得噁心。

這樣的狀況持續了幾個月，想了一陣子，又和幾個親近的朋友討論過後，終於能夠給自己一個答案。

體制外和體制內的改革，就像兩個連動的齒輪，相較於體制內那個龐大又畸形的齒輪，體制外的齒輪顯得很渺小。其實台灣的社會運動已經算滿成熟的了，但往往體制外那個小齒輪得轉好幾百圈，體制內的大齒輪才會動一點點。

因為體制內的改變實在太微小了，以至於我們常常忍不住懷疑，這樣的社會成本、這樣的代價是不是太大了，以至於我們常常焦慮著，不知道還能再做點什麼……

我們永遠都需要體制外的力量，但也需要體制內的齒輪動起來，哪怕只改變一點點、不那麼畸形，搭配著體制外的輿論壓力，社會改革就可以更進一步。

說服自己之後，我想到的是，如果社會改革的第一步必須是政治改革的話，那好吧，我加入！即使仍然覺得妥協、交換、不夠理想有點噁心，但至少代表我還意識得到這些的不夠好，萬一有天不噁心了，就怕已成為一個讓自己噁心的政客。

走入政治以後

選舉之後，常常和我的競選團隊夥伴們一起自嘲，我們就是喪失理想的青年，修正主義。

這半年，我的想法改變了很多，我想兩年前的自己，或許很難了解現在的我。

選舉期間最大的考驗是，如何去爭取超過百分之五十的選民認同？你的理想中最關鍵、最核心的東西是什麼？折衷的底線又在哪裡？

政治的邏輯和社運的邏輯不太一樣，社運雖然試圖爭取社會大眾的支持，但真正需要的是形成一股輿論的力量。用最純粹、深具道德高度的理念號召支持，吸引到的或許不過佔總人數的三到五趴。

選舉則完全就是數人頭，票數一開出來一翻兩瞪眼。想選贏，就必須爭取至少半數人的支持。當然，若是把選舉當宣揚理念的方式就不在討論之中，但因為選舉真的非常花錢，成本很高，真要宣傳理念，我自己並不太建議用這種方式。

言歸正傳，選舉也因為一定要拿到超過半數的選票，講難聽一點，以至於有怎樣品質的選民就會選出怎樣的候選人。相信經濟掛帥、平等自由不重要的選民，無法選出訴求多元社會、公平正義的當選人，一點也不意外。倒不是說全台灣都認為這些進步理念不重要，偏偏社會主流氛圍就是：好吧，我承認環境、勞工、性別、居住、土地、青年、弱勢、人權或許「有點」重要，但更重要的是我要活得舒服，這才是最重要。

我到底應該如何看待選票最大化 vs 理想的過程？

關鍵就在有沒有辦法打破同溫層、真正了解一般人在想什麼，我們那些自以為進步的理念，能不能說服這些人，找到最大公因數呢？整個選舉過程中，我們不停摸索，這些理念很抽象、很複雜、門檻很高，必須嘗試感動超過一半人的路數。

我相信人人心中都有一個一百分的世界，每個一百分或許不太一樣，但總有一個對理想的想像。

如果目前的現況是零分，那麼社會運動無疑是拿著一百分的圖像，大聲疾呼。然而政治改革需要有所覺悟，那就是即使選上了，受社會主流民意的影響、國內外政治情勢的約束，你可能只能做到五、做到十，改變會是緩慢的，參與政治能做的，就是規劃這段從零分到一百分的路徑。

社會運動的能量能一定程度改變這個路徑，這是它最可貴的地方。但是真正決定路徑的，還是手握政權的人，我並不期待自己擁有這樣的權力，只期待能擁有影響力。有些時候，和總統一起吃早餐的人，比在總統府外抗議的人，足以影響更多決定。過去，這些人大都是保守、中產階級、中年以上的男性，我們或許能改變這一點，就以參政做為突破，創造青年的政治事業，這是我期待改變的。

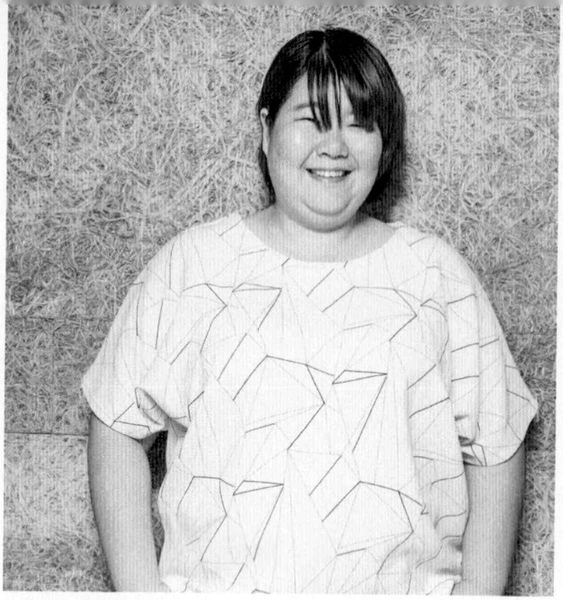

張慧慈

我想當立委

2013 台大社會系助理舉牌小人聲援活動(自己發起的)

2014 參與 318 學運(主要在場外靜坐)

參加五一勞動節遊行(加入支持消防組公會組)

參加同志大遊行

參與九合一大選 - 民主小草計畫

2015 參與立委補選

參與五一勞動節遊行(出版相關組)

參與同志大遊行

2016 參與總統大選

為反攻大陸而跑

我是一個一九八八年在台北縣出生，到了大學才初次離開台北的小孩。也因為離開台北，到新竹讀書，才發現台灣過去發生的事情，原來都沒有在課本裡面出現；原來以前很多被「小孩子有耳無嘴」塞回口中的疑惑，才是應該被不斷複誦的。

一切要從我的國小說起。

身為女性的我，從小生長在重男輕女的家庭，一直糾結在女性身分帶給我的桎梏與困擾，對於爸媽許多的責罵，總認為是天生自然的原罪，而忽略了因為童言童語涉及政治問題，爸媽眼底閃過的驚懼。憤世嫉俗的我，最喜歡的就是跟著阿公學唱《桃太郎》這首日本歌。因為只要唱一次，就可以得到一百塊，一百塊可以做好多事情。當時，阿公常常邊唱邊講日本時代的故事。日本時代很好，可以讀書、可以夜不閉戶。阿公回憶著過往，便會哼幾句日文歌，但話鋒一轉，到了蔣中正來台灣，就會將檳榔汁噴得到處都是，一邊罵垃圾政府，一邊跟我說民進黨的好，是台灣人的政黨。

沒錯，小時候對於政治的印象，就是搭配著阿公滿嘴的檳榔汁，紅豔豔的。日本時代很好，蔣中正的垃圾政府，民進黨是台灣人的政黨，然後我上學了。

六年級的導師，是數學老師還是體育老師我忘了，也可能是他兼了體育課吧。其實那也不是什麼體育課，更像是一堂跑步課，大家一直跑一直跑。為什麼要一直跑？因為要反攻大陸，需要有強健的體魄。當時我只記得跑得很累，但對於反攻大陸沒有任何質疑。就這樣，我跑向了我的國中。

國中的歷史課是我的愛課，可能是對於人的起源感到好奇吧。讀到國民政府那段，老師訴說著蔣中正光復台灣的種種功勳、蔣經國逝世時舉國哀悼，說得口沫橫飛，末了還紅了眼眶。我回家問爸媽，蔣經國死掉時有沒有哭？他們嘴巴開合了一下，然後說：「不記得了。」讓我覺得他們很不愛國。阿公聽了，則又開始數落起垃圾政府的二三事，我只覺得很吵，跟他頂嘴，結果差點被打，我安慰自己：沒關係，我的蔣公我自己在乎。有趣的是，即使如此，我卻還是覺得只有民進黨是台灣人的政府。而我爸，一個從不談政治的人，二〇〇〇年，和一起做土木的朋友，包了遊覽車回雲林去投票。

不一樣的歷史課

蔣家帶給台灣繁榮與進步、民進黨是台灣人的政黨、日本時代很好，這樣的想法仍跟著我到高中。某次，跟摯友打工完了，去涮涮鍋店吃火鍋。那時候，總統大選正如火如荼，我跟我朋友也吵得如火如荼。她說國民黨的候選人才是能夠引領台灣走向進步的人，因為過去就是國民黨讓台灣走向現代化。我說民進黨才是台灣人的政黨，台灣人要支持台灣人，為什麼要支持外省人。海鮮盤裡的蝦子自己跳入鍋子，濺起的湯燙到我們，大選也選完了。

大學我填了人文社會學系，離開了台北，迎來的不只是挑戰，也是豁然開朗。某個下午，我跟同學漫步在宵夜街，經過蔣公廟時，有位個性溫和的高雄人冷冷說了一句「蔣光頭憑什麼被拜」。旁邊沒有人覺得奇怪，只有附和，唯獨我不能忍受偶像蔣公（第一名是孫中山）被罵，立刻糾正她，蔣公，不是蔣光頭，不能不敬。她們只是一直笑著。我很緊張，事後趕忙上網瀏覽、搜尋，越看越膽戰心驚。怎麼一切和我所知道的不一樣，為什麼大學課堂上的歷史如此陌生？而當我交換學生到北京，看到完全相反的歷史敘述時，我的世界終於天崩地裂。

二〇〇八年，馬英九上台，陳水扁入獄。全台灣都在譴責阿扁，爸媽更不談論政治了，爸甚至從此沒有特別回去投票過。我這才明白，為什麼之前問起關於政治的問題，他們只會回我「小孩子有耳無嘴」，或是乾脆說起自己拚經濟的故事。過去噤聲的白色恐怖時期，他們只能拼經濟。我媽時常掛在嘴邊的，是她過去多辛苦的在底層奮鬥，為了讓我們脫貧，所以堅持我們讀書。陳水扁更讓他們重新燃起希望，一個底層、努力的台灣人，成為台灣的總統，多麼勵志啊！他們彷彿看到台灣人將要奮起。然而，陳水扁入獄了，而且是因為貪汙。所以，沒錯，台灣人想要參政就是會這樣，就是這樣的下場，台灣人唯一能做的，就是拚經濟。

馬英九執政兩年後，我考上研究所。推甄備審資料的最後一頁，我附上了因為參選學生會長而受訪的新聞稿。教授問我，為什麼想要成為立委？我自信的說：「比起學術研究，從政，才能真正落實好的政策。」然後，讀了四年的碩士班。

加入台灣人的政黨

碩班的最後一年春天，台灣因為張慶忠強行通過服貿協定，引發了一連串社會運動。滿腔熱血的我也想要盡一分力，本來想要進入幕後協助翻譯工程，但優秀的人更多，我便與當時已經在工作的朋友，在下班後前去立法院靜坐。我們只是靜靜的坐著，偶爾舉著幾塊寫著「警察不要打我，我很乖」、「馬芙丸」之類的紙板。邊聽朋友說工作上的事情，邊評論政治與社會，有時則參加旁邊的小討論。也意外的和許多同學久別重逢，發現國中同學並不如自己想像的不關心政治，或是來的是大學學長，便乾脆相邀唱歌吃宵夜。一個月的時間，我覺得台灣變了，我也變了，比任何時候更想要參與政治。

二〇一四年，五一勞動遊行，跟著消防工會的學姐，一起衝勞動部。那是第一次與國家機器那麼靠近，我不知道我怎麼衝過封鎖線的，直到警察要我小心不要踩到水池，才意識到自己剛剛衝了勞動部。懼怕立刻以雞皮疙瘩的形式爬上我的身體，我怕眼前的盾牌、警棍，以及可能隨之而來的法院通知。我不認為我能夠承受那麼多，我還有很多需要保護、保留的東西，我不想被告。平安無事的離開了抗爭現場，有點不甘心，以及更多的放心。社會運動雖然也是一種參與政治的形式，但我可能不太合適。帶著這樣的心情，我埋首完成我的論文。

畢業前一個月，研究所同學告訴我，有一位學姐想問我要不要進民進黨。「當然要，我終於可以在台灣人的政黨裡面工作了」，我興匆匆的回家告訴爸媽。媽媽向來是支持我的，但爸爸婉轉表達反對。我知道，他還在怕。但我知道，這是我參與政治阻力最小的一條路。

政治參與的刻度

政治並不如想像的美好、有力，許多時候，無力感比飢餓更照三餐報到。面對以前的同學對民進黨相關政策的不諒解，有一種漸漸揮別同溫層的悲傷，但也才明白，政治是管理眾人之事，因為管理者眾，所以必須要更審慎的思考，推出的政策也要瞻前顧後。相關領域的朋友，或許覺得黨推出的政策不夠好，不能一步到位，通過進駐、實際經歷過地方也才發現，我們以為的進步價值，對很多人來說，其實是不可理解，甚至令人害怕的，貿然推出，反彈當然非同小可。為了選票，政黨一定有所取捨，這樣的取捨看在朋友眼裡，卻有一百個反對的理由。但我認為，比起因為要一步到位，導致延宕許久，一個不完美政策的推動，雖然沒辦法百分百顧及所有人，但只要有一個人受惠，就可能改變他的人生。長時間下來，能夠實現公平正義的機會也就往前推動許多。

參與政治更是如此。工作之後，聽著許多同事說起學運期間的豐功偉業，每每令我欽佩不已，但總會也想起那群在外面靜坐的台灣人。他們下班後搭著捷運、公車，騎著腳踏車、機車，拿著御飯糰、咖啡，靜靜的坐著，然後搭末班車回家。他們很多時候不小心跟身邊的陌生人聊起來，聊對台灣的認同與對工作的失望，隔天又一起再來靜坐。

政治總是給人一種犧牲的感覺，好像得被告、坐牢或是批判，才算是個政治參與者。然而，參與政治應該有許多選擇，而且必須是阻力最小的那個選擇。每一個人能夠參與的程度不一，與未曾謀面但有共同理念的人一起靜坐，也是一種政治參與。兩年的政治歷程，我明白了〇和一〇〇中間，還存在許多刻度等我們實現。

黃守達 龍在哪裡？

2008 投入一一零六行動，原本是行政院前的靜坐抗議，後來演變成自由廣場的「野草莓」。

2009 在校園發起號稱「百大維新」的運動，參選學生代表，競逐議長，以為自己可以在體制內外取得一個平衡。

2010 從農再條例到徵收圈地，許多朋友捲入新農運動的浪潮，雖然未曾獻身，但近距離地見證「一方有難，八方來援」的魔幻時刻。

2011 因緣際會當起「反國光石化」大遊行的糾察，從此開始從事各種現場打雜的零碎活。

2012 在「反媒體巨獸」的動員下，協辦了一場營隊，支援了一場遊行，發現這個社會不一樣了。中國因素成為了主題，學生運動變成了流行。

2013 撐了兩年多的台大工會終於完成立案登記，算是難得的好消息。畢竟全台灣遍地烽火。

2014 年初舉辦交流營「庶人之亂」，過完一季就發生了「318」。對我來說，等於一切歸零，重新再來。

屠龍的渴望

每個人多多少少都有些不正常，我也是。

很小的時候，我就深受儒學吸引。放課後的讀經班、蔡志忠的《孔子說》、孔廟的戶外教學、國語課本的選讀，更別說林語堂那篇不知道好笑在哪的〈孔子的幽默〉。孔子的刻板印象到處都是。很多人都說他是——大都語帶嘲諷——偉大的教育家、政治家、思想家。當初沒想太多，覺得既然是偉大的，那就值得嚮往。

對於儒學的興趣，很直接就引導到對於權力的興趣。因為修身齊家治國平天下什麼的，說穿了就是權力嘛。但對一個生長在台灣的中小學生來說，權力顯現在哪呢？那就是在班級幹部的陽奉陰違，在小老師的狐假虎威，在各種違規的討價還價，在小圈圈間的勾心鬥角，在幽默與霸凌的灰色地帶，在挑釁教官嘲弄舍監的胡作非為，在青春期的種種惡趣味裡……。為什麼有些人會被罵有些人不會？為什麼有人做好事不會被獎賞，做壞事不會被懲罰？誰來決定誰該被排擠、誰該受歡迎？於是有個問題就一直擱在心上：權力竟然可以不必公平？

上了大學，視野才真正打開。二〇〇八年對我來說是重要的一年，這一年，我加入了台灣大學學生會福利部，算是踏入學生自治的世界；我也在這一年參與了後來演變為「野草莓」的一一〇六行動，勉勉強強和社會運動沾上了邊。接下來，就是各種打醬油與跑龍套，這裡幫幫忙那裡搞搞事，偶爾讀讀書考考試。開始隱隱約約覺得台灣好像哪裡不對，但又說不上來是什麼，眼前彷彿面對一頭巨龍，長著家父長思想的犄角，身軀則是威權體制遺留的產物，布滿中國因素的鱗片，還揮舞著新自由主義的爪牙。有些人叫不出它的名字（甚至懷疑它是想像出來的），另外一些人叫它——國民黨。

很長一段時間，我就像莊子寓言裡的朱泙漫[1]，自以為學了一身屠龍之技，不斷想要尋找龍的蹤跡，很努力想要起身打倒什麼，只是自己也是懵懵懂懂。

校園裡的權力辯證

二〇〇九年，我和一夥朋友發起了一系列叫「百大維新」的行動。會有這個構想，是因為台灣大學正值八十周年校慶，喊出「八十台大前進百大」的口號，口號固然響亮，卻嚴重脫離學生的普遍認知。當時校園充滿各種爭議，諸如綠地稀少、交通混亂、宿舍BOT化、體育場地萎縮、服務課程空洞等等，使得「百大」聽起來格外諷刺。「高教崩壞」這個詞還沒出現，大多數人也未意識到學術資本主義與學術官僚主義的威脅，我們只想搶回台大的詮釋權，認為台大真要前進百大，也要是學生心目中的百大。我們辦了一次圍堵校長的快閃行動，搞了一場嘉年華式的校園遊行，製作了一份學生觀點的評鑑報告，成功逼迫校政高層與我們坐下來談，談談學生心目中的百大應該長什麼樣子。

那時候真的是百花齊放，大家的創意與動能堪稱爭奇鬥艷，聚集在同一面大旗之下，各取所需各展所長。雖然我號稱總召，充其量也只是點個火，接著不知道什麼就燒了起來，然後燎原。譬如籌辦遊行時，有人說既然這麼瘋百大，不如來弄個「百大神」遶境吧！既然台大總是把諾貝爾獎掛在嘴邊，那就弄個「NO-Bear」吧，隨便找隻玩具熊就可以了；遶境就要有轎子啊，於是就張羅材料釘做了一乘轎子；要有樂隊？就組織了一團裝備整齊的吹打隊伍，附帶一輛用大賣場推車改裝的花車，推車上還站著花車女郎哩！一切的一切，就這樣自己長了出來，我其實更像個不知所措的旁觀者。那是個分進合擊真實存在的時刻。

只是，成功逼迫校政高層坐上談判桌，然後呢？空有理想沒有用，還要有將理想付諸實現的權力。有這種想法的不只我，野心分子揪一揪湊一湊，決定開始向學生公職的席次進攻。結果，我們不只拿下學生會長，連學生代表大會（學生議會）也取得大量席次。對當時的我來說，體制內與體制外並非截然二分，套用我從來沒讀通的黑格爾的話，那是種辯證。

進步共同體的想像

二〇一一年到二〇一四年，就讀研究所這段日子，台灣街頭風起雲湧，大埔事件、反國光石化、反媒體壟斷、士林王家事件、反黑箱服貿等等。也是在這個時候，我投入台灣大學工會的組織過程。台大工會是台灣少數以研究生為主體的工會，會員主要為兼任助理與工讀生。為什麼要組工會呢？當然是因為這些人過得很苦，低薪、欠薪、過勞、強迫勞動、職災，什麼意外都遇到了。幾年前「百大維新」的種種焦慮逐步應驗了。當國家漸漸抽出補助，當大專院校被迫經費自籌，當學生權利仍然不被重視，各種行政成本就會轉嫁到基層的學生與勞動者身上，而研究生往往兼具這兩種身分，於是形成雙重的壓迫。這或許就是為什麼研究生習慣把教授稱之為「老闆」的原因。國家擺爛，大專院校怠惰，結果就是教授與研究生弱弱相殘。

然而，能夠在台大工會服務畢竟是榮幸的，在這裡遇到許多可敬又可愛的夥伴。即使到現在，偶爾都還會懷念那段焦頭爛額的時光：舉辦一個聽眾都沒有的勞權講座、深入敵營召開吃力不討好的助學金說明會、從ＰＰＴ一路打到ＦＢ的大小筆戰、徹夜未眠準備不當勞動裁決的書狀、每逢校務會議必定現身的抗議傳統……，最最難忘的，就是歷經百般波折終於拿到工會成立登記證書的感動，還記得那天是四月一日，一直到午夜，都還擔心這一切其實是個謊言。

組織台大工會的過程，也是我補課「左翼學」的過程。對我來說，所謂左翼學不只是有沒有讀完《資本論》而已，還包括各種對於「集體」與「民主」的想像與實踐。工會能不能夠陪伴會員面對雇主的壓力？工會能不能夠陪伴會員爭取自己的權益？工會能不能夠形成集體領導的決策？工會能不能夠落實內部民主？工會能不能夠介入校園的重大決策？如果高等教育是個產業，那工會能不能夠促進產業民主的實現？大學自治，能不能夠成為教、職、工、學的共治？很慚愧地，幾年過下來，我還停留在提問的階段。

也是在補課的過程裡，我開始勾勒某種進步共同體的願景圖像。許許多多夥伴們，各別在勞動、環保、文史、農業、性別、族群種種領域，分享著共同的進步價值。「大家」堅守各自的戰鬥位置，經營互惠的合作連帶，尋找自給自足的維生模式，如咖啡廳、工作室、智庫、工會、合作社、出版社等，累積運動知識，培養治理經驗，等待機會。

進步共同體的願景，不是兄弟吾人所獨創，相信每一代熱血青年，都懷抱著這麼一個烏托邦。二〇一四年年初，青年行動者的培力交流營「庶人之亂」，就是這種浪漫情懷的產物。類似的全島性串聯行之有年，但投身籌備團隊對我來說卻是第一回，期間認識了許多小我一二三四五六七八歲的朋友，也意識到自己來到青春的邊緣。

守護對政治的好奇

然後就是３１８，或者俗稱太陽花。整批整批年輕人，彷彿海浪般前仆後繼地撲向嚴峻的崖壁。此情此景，固然是驚濤拍岸，捲起千堆雪，但潮水退去，終究只剩下餘波盪漾的浮光掠影。彷彿有人按下了「RESET」的按鈕，所有人事物都面臨重新整理。什麼願景什麼圖像，都成了夢幻泡影。同年，四月台灣反核、五月澳門反離保、九月香港佔中，都讓還在困惑的我更加眼花撩亂。

九合一選舉國民黨大敗，似乎象徵某種時代的到來，而我卻被遠遠拋在後頭。不是說要等待機會嗎？現在機會來了，我卻沒準備好。幾千年前，公山弗擾與佛肸準備要好好幹一番大事業的時候，孔子是不是也是這樣呢？[2]想要做些什麼，又不知道能做些什麼。陽貨的勸告，此刻聽來格外尖銳：「懷其寶而迷其邦，可謂仁乎？好從事而亟失時，可謂知乎？日月逝矣，歲不我與。」

找不到自己的位置，這當然是自己的問題。新政治正夯，但我卻不知道舊政治長怎樣，這實在是說不太過去。「還需要更多的歷練」，正要脫離研究生身分的我是如此解釋自己的焦慮。在這股焦慮的驅使下，我來到台北市議會擔任一個小小的議員助理，重新學習什麼是權力。幸運的，畢業後的第一份工作，能夠遇到開明的老闆與體貼的同事，得以守護我對政治的好奇。

從此，我就走上政治工作這條路。

註：

1. 出自《莊子・列禦寇》，朱泙漫向支離異學習屠龍之技，散盡家財，花費三年才學成下山，卻找不到發揮屠龍之技的機會。
2. 公山弗擾是春秋魯國大夫季孫氏的家臣，春秋晉國大夫趙簡子的家臣，兩人皆曾發起叛亂，也皆曾邀請孔子參與。據《論語・陽貨》記載，孔子一度為之心動。

2008 民進黨「民主小草計劃」里長候選人

詹晉鑒

從紅衫軍到扁迷

「理性中立選民」

我出生在軍公教家庭，我的父親是一名警察。據我自己觀察，我爸這輩子從來沒有不投票給國民黨的候選人。因此，很多人問我說你們家是藍的還綠的，我的標準回答幾乎都是：「我爸一九九四年台北市長選舉投給黃大洲，一九九八年台北市長選舉投馬英九，二〇〇〇年總統大選投給連戰，二〇〇四年總統大選投給連宋……。」呵呵，跟阿扁有關的所有重要選舉，我們家幾乎都投給了國民黨，很藍吧。回顧我爸的投票傾向，現在的我是這樣理解的：我爸是客家人，我媽是閩南人，從小我就可以感受到我爸因為不大會講台語，陪我媽回娘家時，那種「不會講台語」的窘境。對於客家人而言，這種窘境卻因為中國國民黨實行的「國語」政策而「紓解」，因為不論閩南人或客家人的母語都被打壓，被迫全面學習外來政權的國語、「北京話」，客語族群在語言使用上終於可以和閩南族群平起平坐，所以才義無反顧地支持中國國民黨吧。

因為我爸的政治傾向是非常忠誠且單一，所以在我家，其實是不大談論政治的，至少在我參選之前都是這樣。高中時我念的是自然組，大學一開始念的是交大電控系，跟政治是完全擦不上邊的。即使後來重考轉系進了台大法律系，我對於政治仍然沒有涉獵，連看報紙也只看體育版。二〇〇六年以前，對於台灣歷史與民主化歷程，我是一片空白，包括二二八事件，我一無所知。在還沒有認識到台灣「苦悶的歷史」前，我對於民進黨的印象是「暴力」、「沒水準」，對於阿扁的印象是撕裂族群、鎖國、不會治國，受到當時媒體的影響，我也曾經到紅衫軍抗議遊行的現場。過去我崇拜的政治人物是孫運璿、李國鼎。我還記得小時候我看的第一本非注音的書籍就是天下出版的《孫運璿傳》，對於書中的內容如數家珍。一言以蔽之，當時的我是個典型會主張「統獨只是假議題，或藍綠一樣爛，票投國民黨」的「理性中立選民」。

差強人意的總統連任

影響我關心政治的契機，是在大學畢業那年（二〇〇六年），因為當時很紅的線上書籤網站FunP。我就在當時接觸了台派部落客的文章，例如獨孤木、酥餅等。這些部落客的文章，對之前從未認真看待台灣政治的我而言，起了極大啟蒙的作用，我開始了解過去台灣民主化的過程、中國國民黨在台灣的威權統治，粗略地認識二二八事件，進而在國家認同上開始確定自己是「台灣人」，而不是中國人。

二〇〇六台北市長選舉，謝長廷與郝龍斌的對決，是我這輩子第一次認真地觀察選舉，從那時候開始我幾乎每天閱讀自由時報，並且仔細了解高雄過去與現在的顯著改變，還有馬英九的八年市政，認為謝長廷當選市長能夠讓台北市重回阿扁市長時期的活力。後來二〇〇八年總統大選，雖然當時全台灣瀰漫著馬英九王者歸來的氣氛，我仍然深信謝長廷能夠帶領民進黨逆轉勝，可惜事與願違。

二〇〇八年馬英九當選後，我為了抗議陳雲林來台，在行政院靜坐後被警察舉牌強行驅離，並在自由廣場打地舖睡了一晚。我雖然關心台灣政治，但對於是否要積極參與政治活動或事務，一直停留在「坐而言」的階段，離「起而行」還有一大段距離。在社運場合裡，我是獨來獨往的個體戶，從來沒有想在社運裡成為領導者或幹部，甚至連去幫忙打雜都沒有。

二〇〇八年到二〇一二年間，我最多是個關心政治的學生，對於從政之路頂多只是嘴上說說，從來沒有付諸行動。

二〇一二年總統大選馬英九再度當選，對我下定決心從事政治工作，起了極大關鍵的作用。

姑且不論馬政府當時所主打的 ECFA 成效為何，由於馬總統的經濟政見跳票、以及莫拉克風災後救災的差勁表現，都讓我深信民主的台灣，會在二〇一二年再次政黨輪替。沒想到選舉的結果，竟如此差強人意。

突破世代隔閡

經過二〇一二年總統大選，讓我體會到其實台灣政治的藍綠對決，並不只是中國國民黨與民進黨的對決，而是台灣人面對中國強烈併吞意圖下，選擇何種出路的問題。而我就在這個認知之下，思考如何能夠盡自己一己之力來幫助台灣。但，我自認對於台灣各層面的認識，非常不足。為了加強自己對台灣的認識，我開始進行廣泛的閱讀，尤其是台灣歷史與民主化過程。透過閱讀，我了解了台灣這塊土地四百年以來，從來沒有脫離過外來政權統治的陰影。這種歷史悲劇的無奈，更驅使著自己未來從政的意念。

二〇一四年太陽花學運爆發，這時候我已經是執業律師，不再是學生。但我幾乎每天下班後都會到立院周邊「散步」，維持「人氣」。我每天在臉書上轉貼新聞，希望讓我周遭的朋友關心學運的消息，讓更多人知道年輕世代對於馬英九傾中立場所表達的疑慮。

我也開始重新思考，除了透過「佔領立法院」這種激烈的手段外，還有什麼方法可以改變台灣。最後，我選擇以「選舉」的方向，進入「體制內」進行改革。這樣的選擇主要是考量幾個因素。首先是我自認為對於台灣社會極不熟悉，平常所接觸者，大多是所謂「同溫層」，這對於政治判斷上會有盲點。再者，台灣的基層政治長期沒有新血加入，使得世代間的隔閡越來越嚴重，這種隔閡若在政治上不斷上演，對於社會的和諧，是種阻礙。因此學運落幕後，我毫不猶豫地不顧家人及女友的反對，毅然投入里長的選舉。

其實現在回顧和過去做比較，政治上的我變化當然是非常大。但這主要還是在於有無認識台灣歷史，尤其是一九四五年以來的歷史有關。

真相的追求

我覺得我的認知變化中，最強烈的對比在於扁案的理解。我從來沒有投票給阿扁過，但從一開始的國務機要費案對照馬英九的特別費案，到扁卸任後種種程序上的不正義，包括換法官、檢察官教唆偽證等，到後來判決書內各種邏輯混亂、羅織共同犯罪的自由心證，讓扁案已經失去了原貌。其實，國外並不是沒有審判前任元首的先例，但如果是一個公正的審判，不僅能夠對於國內政治的一些不合理的現狀做出檢討改進，更能夠提升人民對司法的信賴，例如國內的政治獻金法是否符合目前需求，或者是對於總統的職權進行更具體的討論，可惜以上皆付之闕如。這樣強烈的改變，讓我被朋友譏稱從紅衫軍變成扁迷。事實上不是成為粉絲的問題，而是對於公平正義，有了更具體的想法與實踐。

再者，由於我從高中後就沒有再好好念過歷史，我又是末代聯考最後兩屆，嚴格講起來中學時期，我只有接觸過中國歷史，台灣歷史根本沒聽過。上天給我開了一個大玩笑，在我記憶力最好的國中、高中時期念的中國歷史到現在都還依稀記得，包括鴉片戰爭、甲午戰爭的年份我可以輕鬆地說出來，但自己土地的歷史卻到了快三十歲才慢慢了解，而且必須常常溫習才不會忘記，像是二二八事件，那些消失的台籍菁英，我常常要在睡覺前默默在心中悼念，否則過陣子就會記不得全名。這真的是身為台灣人的悲哀。

我常常跟我周遭的人講，為何會改變？我都說只要去看二二八的慘狀，那段歷史只要看一頁就夠了。閱讀後，就會了解中國國民黨外來政權的本質，提起二二八事件不再是撕裂族群，而是真相的追求。

回顧過去與現在，現在的我與過去最大的不同，即在於認知事實、釐清真相的企求。我開始理解「真理，建築在真相大白」之上。

2007~ 一些沒有名字足夠指認、又沒有篇幅足夠詳述的運動……

楊緬因 集體記憶的生產與難產

邱彥瑜 採訪

問：你曾經在《我在柯文哲身邊的日子》一書中提到，民進黨執政後，透過學運與社運參與政治的路線沒落了，你怎麼看待自己投身政治的過程？

答：先講點後設的，就是關於寫書這件事。那本書算是很個人色彩的回憶錄，寫時心態滿單純的，就是趁忘了之前寫下來，沒想說會不會產生什麼效應。

不過，對於這種何榮幸式的——姑且這麼說——嘗試堆疊一個大敘事的集體人物展覽，是否能有太多價值，我還是滿存疑。我現在想到《學運世代》這本書，裡面有一段讀來印象很深刻，是訪問（還沒出來選過的）范雲，我記得她當時對馬永成的評論是他「太入戲」，那時看覺得這句話特別有意思：不論政治場域內外，權力確實有種表演性質，有時候，你表演它的同時，就是在實踐它。

但我最近感受更深的是，入戲的不只有「馬永成們」（或說，「羅馬們」），也包括凝視「羅馬們」的人。這樣說吧，其實我並不親身認識這些個人，而且我相信大多數人也都如此，但我一講到「羅馬們」，你就知道我在講誰，這是因為在我們的政治與社會討論中，已經形成一種，牽涉個人與結構的，堅硬的敘事架構——一個人在青年時期如何從事（某種路線的）學／社運，然後「進入體制」、有了什麼樣的妥協與轉變。

這個敘事如此堅硬而普及，因而「羅馬們」才會在我們的集體記憶中，成為一種方便指涉世界的 icon。這樣的敘事甚至出現在許多當代衍生的小說、電影等文本，成為像是伊索寓言或是西方小說裡總有些既定且不斷自我再生產的情節結構。今天這些敘事結構，不只限制了至今某些從事政治工作者的自我認知乃至行為，但於此同時，評價這些人的人也沒逃出這些結構，即便當年與今天的政治經濟條件都和現在有許多差異了。

假設真的有「體制內」和「體制外」之分好了——雖然我是不太相信這樣的二分——我們似乎已經不會窮盡一切去理解彼此的真實處境，如同我們都曾經企圖窮盡一切去理解社會的肌理那樣。我要強調，這種知性的惰性是雙向（或多向）的，更別說非學／社運出身、傳統背景養成的政治幕僚，當然就更沒有誘因去了解圍牆之外的人的想法了，包括世界觀以及價值觀，如何形塑我們從事社會運動／政治工作的心智動力。我們集體進入想像力的缺乏，習於以方便的敘事取代窮盡心智尋找結構中的空隙、以及能動性的開發，即便這個故事已經走了二十年，卻還會繼續走下去。這也是為什麼，我不太情願去從這個框架了解自己的經歷。

問：你如何看待自己關心公共議題進而參與政治的路徑？

答：我跟公共議題比較敢說接觸的時候是在校園，可以分成學生自治和異議性社團兩個部分，我就混著講好了。我很喜歡讀以前的東西，從PTT爬文發現大概一一九九五年開始的十年內，也就是內有國民黨在校園內影響漸小、外有第一次政黨輪替這時期前後的台大學生選舉相當精彩。包括所謂泛改革派、宿舍幫、地方諸侯、國民黨殘餘等派系林立，這些大亂鬥野史，到我自己進校園這幾年已經是另一番風景了。

我認為校園內的學生會系統或是異議性社團都有一個共同的訓練過程，他們有一些倡議的目標，要用有限的資源去解決，而且必須透過論述與手段達成目的，這些是其他社團不會有的，例如若論述與手段脫鉤得太厲害，也會被幹譙（最近好像台大登山社有這個問題，哈哈）。我自己參與過幾季濁水溪社的讀書會，在一些異議性社團路過沾沾醬油，那段時間讓我比較熟悉議題運作，將校園議題與校外的公共參與連結起來，對我來說滿有幫助。

我第一次比較深刻的嘗試，是二〇〇八年創辦海島新聞，進台大之後我很熱血想搞媒體改造，決定自己來拍新聞。那時候論述基礎是這樣：因為公民媒體正開始興起，學生要做學生新聞，就像學生自治一樣，即使「專業的」新聞系所有比較厲害的技術，但我們是講求報導者本身便擁有這些生活經驗。早上或下午發生的議題，我們晚上就剪接放上網路播出，還都有字幕、用一張綠色海報紙做綠幕去背、做子母畫面等等，雖然用現在網路影片的規格來看很粗糙，但回想起來在當時真的也算猛了，那時別說集資，連臉書都還不普及。

校內新聞第一集報導豪享來（台大學生宿舍餐廳）結束營業，檢討學校餐廳的統包制度，剪完後我們拿到活大（台大學生活動中心）播放，卻被以「有爭議」為由禁播。當時的學務長馮燕，也是後來馬政府時期的政務委員，卻找上時任新聞所長彭文正「鑑定」我們不具新聞專業。但新聞專業哪是重點，像是其他什麼之夜的宣傳片什麼的還不是照播。我們邀請百來位不同領域（包含數十位媒體領域）教授參與連署，表達我們的訴求：校方不應進行內容審查。

好笑的是，為了抗議活大的政策，我們模仿以前「開天窗」的做法送交另一版本的影片，前三十秒與原本被禁播的影片完全一樣，當要進入重點時，就卡進長達一分半鐘的黑畫面，寫著「以下內容議論過激，慘遭活大禁播」，結果這版本順利過關，播了整整兩個月，那兩個月我在活大吃飯，看著那個黑畫面，都覺得這個世界真是荒謬。

媒體改革是我第一個深入認識的議題，另一個則是性別。當時我們上范雲（台大社會系副教授）的課，學期末必須規劃一個性別行動，這個課有如超大型校園培力中心。我們那一組當時佔領圖書館前的草皮，搭起一日快閃帳篷，象徵自己想像中的性別友善宿舍，學校一直沒通過我們的活動申請，說架帳篷會破壞草皮。但你想，像是藝術季之類的活動，玻璃屋都在架下去了校方也沒講過一句話，我們就不管就硬幹。但其實性別友善宿舍只是要求宿舍不分男女，也不是什麼太基進、前衛的性別運動。這是那時候其中一個運動，現在聽說不分性別的宿舍也要蓋了。

海島新聞後來還成立電台，每天晚上邀請各社團開節目談議題，後來進入學生會新聞部成立紙本媒體《花火時代》，經營以學生自治為主體的公共媒體。創立初期，我自己學習排版，持續鑽研平面設計的技巧，沒想到，多年後進入柯辦（柯文哲辦公室）成為保我一條小命的技能。

問：你曾說想想論壇的經驗離政治「很近」，那是你第一份與政黨有關的工作嗎？

答：不是。二〇一一年我大四時，去幫楊長鎮（苗栗縣民進黨籍立委候選人）做一些文宣。苗栗是個逆風選區，我不知道自己能幹麼，利用過往寫腳本、做配樂的經驗，製作改革地方政治的宣傳動畫。雖然觸及率不高，但我的收穫是，確定自己在沒有人帶的狀況下，有能力製作這種文宣。

二〇一二年九月，我去想想論壇應徵編輯。關注新媒體的我，提出成為「作者經紀公司」的經營想法。我的想法是，如果有一些人十年後會成為南方朔、楊照、張鐵志之類的人，我希望他們都曾是想想論壇的作者。那時候所謂新媒體平台還沒像現在百家爭鳴，但我覺得新時代的意見領袖孵化模式已經可以看到了。

我想像中的想想論壇很多元，不一定要有很台或很獨的形式，有一些文化觀點，甚至是哲學，偏向學科性的專欄（像是後來如雨後春筍出現的ｘｘ學部落格們）。雖然很多人質疑它的政黨背景，但我還滿確定它在小英基金會中是獨立運作部門，即使它有政治效果，也不代表它是政治團體。二〇一二年是新媒體形式逐漸定型的時期，我很幸運參與這過程，總編輯賴秀如也給我很大的空間，每天花很多時間思考流量、觸及率、內容跟讀者的關係，除了建立論壇的品牌，也舉辦實體活動，確立跟讀者、作者的關係。我們曾舉辦一系列世代擂台，讓同行業中的老鳥與菜鳥對談，也因此讓我跟柯文哲再次接上線。

問：在柯辦的工作經驗是你的政治啟蒙嗎？

答：在大學時，我分別睜開了左眼與右眼。但直到柯辦我才睜開另一個象限中的第三隻眼：政治的邏輯。

有些人說，從社運轉進體制內工作遇到許多阻力，這某種程度是用社運眼光評斷政治工作。很多傳統政治幕僚對這種批評無感，其實不是立場／倫理選擇上的落差，而是養成關懷過程的重點就不一樣。

如果說民進黨是台灣的中小企業，柯文哲就是新創的獨角獸。柯辦有如天使創投一般急遽暴增，從最初六人團隊，增長到選前已經有將近兩百人，這也影響團隊文化，像是政治哲學家霍布斯（Thomas Hobbes，1588 – 1679）所談論的「自然狀態」。

雖說後來我的職責是網路社群，但平面設計成為我初期意外的浮木，無論社運還是選舉，文宣是這樣，十個人會有十一個 idea，然後，結果我是現場唯一一個可以把自己的 idea 做到還算有公眾流通的水準的人，大家就覺得我好用了，然後在這過程中再另外想些事情來做。這裡的 trick 是，因為那個環境條件下，大家都有自己想找的人，光是誰進來團隊來當平面設計就涉及權力的重分配，我比較沒有特定的團體背景，初期就成為大家都能接受妥協的公約數，直到下一階段的擴張。

撒丰安・瓦林及那 Savungaz Valincinan

再也不想找不到彼此

2008 參與獵人行動 -308 為尊嚴而走

2011 在成功大學成立原住民文化交流社

2011 參與反對成大自主自理試辦計畫（法人化）行動

2012 進入反反反（反美麗灣）行動聯盟參與多次行動工作

2013 與反反反夥伴及許多支持反美麗灣 BOT 案的 NGO 團體共同舉辦「不要告別東海岸」系列活動

2013 參與南鐵反東移自救會組織工作

2013 年底成立跨校原住民族青年的組織「原住民族青年陣線」

2014 與眾多原青夥伴在 318 反服貿期間組織「反服貿・原青論壇」

2014 進入民進黨中央黨部社會運動部參與九合一大選工作派駐南投

2015 請調原住民族事務部參與總統及立委選舉工作

2016 進入時代力量不分區立法委員高潞・以用辦公室

媽媽的部落

從小就知道媽媽是原住民，但直到長大了，我才發現自己原來也是原住民。

我的父親是所謂的外省二代，母親是從小學就離開山上部落到平地念書、跟隨大阿姨移居台北的布農族人。知道母親是原住民，卻並不真的理解那是什麼意思。小一小二的時候，我有一個阿美族的好朋友，偶爾會來我們家玩，有一次她傳染了頭蝨給我，忘記哪個長輩因此說了一句「原住民都髒髒的」，這段記憶也是直到長大後才覺得不對勁。

我生長在都市，過著和所有都市小孩一樣的生活，念書、考試、升學。升高二那年，因為家中經濟困難，爸媽協議後，讓我改從母姓取得「官方認定」的原住民身分，取得原住民學費補助。一開學，我突然就變成原住民了。某次體育課，老師問班上是原住民的有誰，我緩緩舉起手，同時還有一位鄒族的女孩。老師說，原住民運動細胞好，都跑很快。這點我不知道，只記得國中時候我是班上少數不用上場跑大隊接力的人之一。於是，「原住民要跑很快？怎樣才是原住民？」疑問開始在我心裡盤旋、擴大。

同年我認識了圖騰樂團。圖騰樂團是由一個阿美族、兩個排灣族、一個卑南族，以及一個「漢人保留名額」組成的樂團，他們的一首《都市山胞》唱著「阿美族的怎麼會黑黑的？魯凱族的怎麼變高了？卑南族的怎麼鼻子尖尖的？排灣族的怎麼變白了？」我對「原住民」的認知出現了不同的樣貌。但布農族呢？身為一個布農族人該是什麼樣子的呢？我不會說族語，媽媽說那是她和大阿姨的秘密語言，不能教我。我逢年過節才會跟著家人回山上的家，對我來說，那是媽媽的部落，不是我的，所以十分陌生。

你以前都躲在哪裡？

高中畢業，我考進了成功大學航太系。本來想要參加原住民社團，但發現學校沒有，應該說是本來有，但後來倒社了。熱血的大一，興匆匆的想說自己成立好了，卻因為毫無經驗，很快就沒了下文，慢慢的，時間被課業、參加系隊和其他有趣的社團填滿，這件事情就埋在心底，繼續當個普通的大學生。二〇〇八年，網路上看到號召原住民北上抗議的活動，也沒太多想法，也搞不太清楚發生了什麼事，只知道有好多喜歡的原住民歌手，拿了什麼承諾書給各政黨的總統候選人簽，覺得應該去看一看。回想起來，也是很模糊的一段記憶，又這樣過了幾年。

因為雙主修的關係（事實上也是因為沒有太認真在念書），進入延畢階段，大五那年和班上同學報名參加了校內的民歌賽。第一次彩排的時候，有一雙深邃的眼睛直盯著我，很原住民的一張臉。下了台，他拎著啤酒走過來，自我介紹說他叫 Bihang，太魯閣族的，一等我也介紹了自己後，他說了一句：「你以前都躲在哪裡？我怎麼都找不到你？」從此，我們成了非常要好的朋友。Bihang 熱愛音樂，吉他彈得很好，又是個優秀的鼓手，擁有許多創作，但常常顯得沒有自信，且有點太愛喝酒了。我們一起在成大成立了新的原住民社團，只是隔年他就被退學了。其實，我一直都知道，來自部落的他，根本不適合這種單一價值標準的主流教育環境。

這個社團的成立與經營，是我生命中非常重要的轉捩點。

二〇一一年成大原交社成立，我們再也不想找不到彼此了。參加社團的人，有像我一樣的都市原住民、有像 Bihang 一樣從部落來都市念書的人，在彼此分享生命故事的過程中，發現像我一樣長大了才開始思考自身族群身分的人不在少數。這個社會和主流教育，不想要讓我們思考這些。因此，我們成了一個很緊密的團體，不像是社團，比較像是家族。我從夥伴身上學習到很多，例如各族群的文化、社會價值和世界觀，不禁要想，為什麼我都活了二十多年，才一點點認識到這些美麗的知識呢？而且越發現自己的不足，越感到焦慮。

原住民族青年陣線

二〇一二年初，我接觸到台東反美麗灣ＢＯＴ案的議題，最主要是因為當事人刺桐部落的阿美族姐姐 Singsing（林淑玲），她家住在還沒通過環評就已經蓋好的美麗灣度假村旁，本來也畫進了開發範圍，一家人差點被從居住一輩子的土地上趕走。原住民沒有土地所有權契約書，國家就宣稱土地是他們的。六月在台東縣政府舉辦該開發案的第六次環境評估審查會，我也參加了。現場除了業者代表、縣政府代表，旁聽席的民眾則分成支持和反對兩派，相互叫囂。Singsing 拿著一疊準備好的書面資料想給環評委員參考，不料一靠近便引來一群警察團團圍住，極力將她架開，高大的警察擋住個頭嬌小的 Singsing，我們一時不清楚發生什麼事，接著聽到 Singsing 尖叫了一聲。而就在這時，主席指示司儀宣布審查開始。

當下我整個火都上來了，立刻站起來對著主席大喊：「蓋好的房子為什麼要環評？」天生的大嗓門，毫不意外的讓我成了注意的焦點，支持開發案的人紛紛站起來叫我滾出去，我則繼續喊著同樣的話直問前方的主席，我真的非常想得到答案。不出幾秒鐘，身旁來了貌似指揮官的警察，對著其他警員說「把她帶走」，立刻四、五個警察上前架起我，把我拖離現場。事後，台東縣警局以「妨礙公務」將我移送地檢署。我受到了極大的衝擊——不在因為我聲音大，或者因為我持反對意見，總之，只要政府想要，就可以動用公權力排除一切異議。

從此，大大提升了我原住民族議題的敏感度，加上這幾年粗暴的開發思維讓部落的抗爭風起雲湧，我不停奔走在各抗爭現場，即使不知道自己幫得上什麼忙。這些現場，同樣來了許多原住民年輕人，大部分是學生，有些也加入了自己學校的原住民社團。我們擁有同樣的焦慮，擔心在還沒有足夠學習和認識自己的族群之前，會不會部落就消失了、文化已然成為過去式了？二〇一三年底，我們成立了一個非正式的團體「原住民族青年陣線」，過去的單打獨鬥進階為團隊作戰，並且很快的也捲入了二〇一四年的３１８佔領運動中。

族群議題施工中

二〇一四年初，我終於離開校園，第一份工作在一個原住民的ＮＧＯ「小米穗原住民文化基金會」，同時在長輩的介紹下，一周有兩天以實習的名義在田秋堇立委國會辦公室見習。三月份，立法院在國民黨立委張慶忠的強力護航下迅速通過了服貿協定，掀起了野百合學運後最大的一場公民運動。３１８期間，我一直待在議場二樓幫忙。議場外有許多公民團體以各種角度、形式討論著服貿議題，但獨獨少了觸及原住民族部落及相關產業的衝擊，更遑論這樣的議題離部落非常遙遠，對族人來說非常陌生。

原住民青年們決定要從族群的觀點來討論這件事。大家連續幾天舉辦原青論壇，主要的發起團體包括原住民族青年陣線、LIMA台灣原住民青年團、台灣原住民族政策協會等等。數百位原住民族青年參與其中，除了在原青論壇的討論，夥伴們還協助帶領一場周邊幾個大舞台的討論和分享，媒體也有零星報導。二十一天的佔領運動結束後，原青們進一步舉辦了好幾場部落討論會，持續的試圖與部落長輩對話……但這一切，你可能從來不知道，因為原住民族的聲音在有關３１８的各種影像、書籍、影片紀錄中，完全不存在，就好像缺席一樣。

我非常懊悔，如果時間可以倒回的話，我不會選擇待在議場，而是跟這群夥伴在一起，因為我們好像只有彼此了。另一方面，我終於明白，如果不能改變整個原住民族在台灣單一主流文化下的處境，原住民族的命運十分難翻轉。族群議題就是階級、族群議題就是這塊土地上的人共同的責任。但是要怎麼做？我還沒有很清楚，卻十分篤定這將會是我花一輩子努力去做的事情。

cs 0-100
候選人
文宣
政策
中央黨部
地方選舉
媒體
總幹事
文稿
黨部經營
組織
青年軍
里長
Social Democratic Party
民主黨
會民主黨
SDP
REEN TOUR BUS

Chapter 2 Polit

戰情
網路
募款
政策
中央到地方
原民

呂欣潔　這個世界沒有神

立委候選人工作要項：

1. 決定團隊方向與概念，交付團隊幕僚在各層次工作呈現。
2. 作為團隊的對外代表（就是門面），和外界互動。
3. 和無數的民眾握手、揮手、鞠躬、微笑、交談、說明政見與理念。
4. 在言行舉止中體現出社民黨與團隊的精神與理念。
5. 激勵士氣，凝聚團隊與志工工作熱情。
6. 籌募競選經費（一半是辛苦的爸媽協助籌募，另一半為民眾小額募款）。
7. 吸收幕僚提供的政見與知識，消化用簡單的話語表達出去。
8. 與不同的人建立關係，拓展社交圈。
9. 撰寫部分文稿、臉書經營、部分影片概念發想。
10. 從踏出門開始就要做好與人互動的心理準備，直到回家中躺上床為止。

318燃起新希望

二〇〇七年，大五延畢後，我在農曆年完後透過一般人才招募程序，進入民主進步黨婦女部工作，這是我接觸「狹義的政治工作」的第一個經驗。

當時，阿扁總統的貪污案正在如火如荼地被討論著，我承受著家中的壓力，決定選擇當時如過街老鼠人人喊打的民進黨做出社會的第一份工作，只因為我對這個政黨還抱有期待，並且，與國民黨相比起來，民進黨是「相對地」對婦女與性別議題較為友善的政黨，因此，年輕的我非常希望能夠在婦女政策上持續努力。

當時經歷了所謂「四大天王」的總統初選，還有密集的下鄉舉辦婦女組織活動，時常出差到南部與離島與並不認識的民進黨地方樁腳維持關係，讓我初體驗到什麼是政治實務工作。

然而，這份工作維持的時間並不長久，當時的我甫大學畢業，尚不了解做組織到底是怎麼一回事，加上在低迷期間的中央黨部，整體的工作氛圍都較為消極，對我所在意的弱勢與性少數議題也沒有太多意願多所著墨，加上我同時依然必須分身在同志諮詢熱線與同志遊行中分攤工作，以及家庭的照顧工作也需要同時進行的狀況下，不到半年，我就選擇離開中央黨部，到上下班較穩定的中央研究院社會所擔任研究助理，期間受到吳齊殷老師的協助與包容，讓我持續同志運動的志願工作，之後有機會才加入了同志諮詢熱線，成為全職工作人員。

經過了七、八年的運動歷練，參與著各式各樣的社會運動，逐漸對運動感到迷惘，也對台灣的公民社會漸漸感到失望，對於看不到未來，也不知道成功為何的這條路，時而覺得孤獨，時而覺得無力。

直到318反服貿運動爆發開來，正經歷走入三十歲階段的我，又重新因為這些比我小個幾歲的年輕人，對台灣重新燃起一點希望。

投入改變的人

二〇一四年十一月八日，我恰好和范雲一起在 g0v 零時政府的研討會中遇到，因為要同路前往婦女新知的募款茶會，就一起搭上了計程車。在途中，范雲跟我提及了想要成立一個新政黨的想法，詢問我在同志運動中，是否會有人願意出來選舉。我當時承諾她會和同事與夥伴們詢問，但回到組織以及同志團體的開會場合，問了幾輪都沒有人有意願參與選舉，原因不外乎是出櫃議題、對台灣政治沒信心、覺得身家背景都會被挖出來、或是沒有錢。

我一方面驚訝於竟然大家對於政治的看法，還是被過去的金權政治影響非常深，有著許多恐懼，一方面也感到或許這對同志參政是一個非常好的時機——從二〇一一年的真愛聯盟反對同志教育事件，到二〇一三年的1130護家盟為反對同志婚姻而集結的事件，因為激烈的反對勢力興起，反而讓過去較為邊緣、少被社會關注的同志平權議題浮上檯面，在主流社會中慢慢提升為政治議程中不得不討論的一部分。

同時，從二〇一三年開始的國際人權倡議工作讓我看見，中國對全世界的影響，以及台灣在世界上雖存在極度的外交困境，同時也有許多的可能性，卻被政府眼中只有中國沒有世界的方向給掩埋了，因此我對於國民黨帶著大中國思想的過度傾中策略感到相當不滿，我認為將國民黨壓縮到最小化，不論是拔除掉其黨產，使之成為一個正常的政黨，或讓他就此消失，為台灣開創除了統獨之外另一條政治討論之路，是台灣的當務之急。所以，如果還找不到在這個當下願意投入改變的人，或許我可以試試看。這樣的念頭，在我的心裡漸漸萌芽。

二〇一四年十一月二十九日，民進黨在地方首長選舉，獲得二十九年來史無前例的勝利，甚至也有不少小黨的地方民意代表參選人都首次贏得了席次，更讓曾經一次次感到被台灣政治所欺騙的我，重新對這塊土地的人們，產生了更多一點點的希望。

開始有此念頭後，我和伴侶陳凌討論了好幾個星期，她是台灣解嚴後出生的一代，從小以為民主與自由是天經地義，但卻也在318反服貿運動中體認到，台灣距離真正的民主，還有很大的距離。參與政治工作，對於習有獸醫專業的她過去距離相當遙遠，也非她所規劃的方向，但基於對台灣的民主社會的嚮往與期待，她後來成為我競選團隊非常重要的一員，成為我的文膽、腦袋、司機，也是我在邁入「準中年」轉業做政治工作時，身心靈都非常重要的支柱。

最後一關，是我父母的支持。我還記得非常清晰，我和陳凌與家人吃飯，那天提及了我正在思考是否參選，我只記得我母親說「我早料到有這一天」，轉頭看看父親，他說：「不要叫我出錢就好！」（但其實最後還是有出，萬分感謝我的父母。）最後，我的父母不只精神上的支持，我的母親更在我們這個小團隊擔任瑣碎的財務工作，陪我開記者會、照料我的飲食，而父親更是提供他多年來累積的人脈，無條件為我的理想一起努力。

選舉完後，問他們為什麼要這樣支持我，他們也只是苦笑著說：「你也是希望台灣好，不是去做壞事，身為父母也只能支持你，不然要怎麼辦？」

就這樣，我們開始了這第一場的選舉冒險，對手是連任三屆的國民黨委員費鴻泰，以及被國民黨開除黨籍的楊實秋。

學習做個候選人

選戰之所以稱為「選戰」，他就扎扎實實的是一場戰爭，需要有策略、規劃，與不同角色的團隊成員。而候選人，固然是一個競選團隊中不可或缺的角色，卻不是唯一重要的角色，因為每一個角色——政策、文宣、行政、隨行、活動、財務，都同等重要，缺一不可。但小黨出身的小本經營競選團隊，編制自然不可能像有資源的大黨那樣豐富，從二〇一五年三月二十四日宣佈參選後，在選舉的前三個月，團隊就是我（候選人）、陳凌（文宣＋部分政策）、林均諺（隨行＋行程）、我母親張瑛娟（財務），共四人，而主要政見與草根組織工作多由社會民主黨中央黨部負責。而團隊中，只有隨行助理有支薪，其餘都還是必須一邊工作填飽肚子。直到第四個月開始，才加入了第二位助理生力軍，後來這位夥伴因工作太過忙碌無法兼顧家庭生活而離開，九月又邀請了有參與３１８運動的張以忻擔任活動與行政助理（還兼一些輿情和文案工作），加上有兩位協助打電話和資料整理的兼職工作人員，整個團隊七個人（三人無薪）的編制，就這樣走完了將近十個月的選舉歷程。

選舉的生活，不外乎早上站路口、跑市場和攤商與民眾握手聊天、研讀政策與時事或開記者會、中午稍事休息後、下午去公園和家戶拜訪、傍晚在捷運站街講或繼續站路口、晚上送垃圾車與民眾打招呼、晚上還要寫文章投稿創造對議題的曝光度等等，周末還要加碼去送遊覽車、市場多跑兩個，同時小黨希望主打新政治的候選人，與傳統候選人不同的地方在於議題性的座談會與論壇也都必須舉辦或參加，還有送候選人到你家的客廳會，透過一次次針對不同社群的溝通，去傳達我們所相信的理念，也募集願意與我們站在一起，共同努力的民眾。

對我而言，或許與其他候選人的差異在於，許多候選人必須學著與陌生人積極的互動，但對我來說，卻必須學習把自己收起，不要展現這麼多。

喜愛與人相處互動的我，向來就非常享受人與人之間的交流與溝通，那些深度的不為人知的面向特別吸引我。然而，選戰的腳步沒有時間讓我有機會有時間去了解每一個眼前的人的故事，或讓在路邊握手的太太、市場路過的阿伯、巷口倒垃圾的年輕人都了解「我是誰」。這對我來說，情緒上感到非常挫折，因為那些我所珍惜所享受的部分，似乎在我的生活中就此消失了，只剩下一次次重複的「你好，我是呂欣潔」、「我代表第三勢力社會民主黨」、「我們認為政治是為了更好的生活，請支持永遠和人民站在一起的社會民主黨」。

不停地被觀看、被評論，卻時常沒有辦法透過深入的互動和交流來更加了解彼此，以及去釐清每個人在不同議題上的位置和態度，確實常令我不安。

記得有一個朋友看到我在粉絲頁向民眾揮手的照片，提醒我要「收一點」、「不要把自己敞開這麼多」，我一開始還不理解，直到幾個月後，突然大病一場，才發現習慣向世界打開自己的我，永遠都在準備和世界對話的我，在過去或許還能夠獲得與付出取得一個平衡，但在選舉行程中大量的與人重複式的接觸與情緒勞動，這樣把自己敞開的我，卻因此變得過度疲憊，甚至身體都在向我抗議了。

因此，擔任候選人後第一件我學到的就是：要適時休息、好好睡覺、好好吃飯，感覺自己的極限，把自己照顧好。

做政治，只能比社會往前一步

我常開玩笑，會去做社會運動的人腦袋都有問題。既沒錢、沒社會地位、沒權沒勢沒未來，還好我

社會民主黨

立委候選
台北

找到一個穩定飯票，不然老了以後該怎麼辦？這樣不穩定、不確定的工作，還能夠維持這麼久，除了不在意身外之物以外，就是多少都有些樂觀的理想性格了。

然而，這樣的理想性格，雖然讓我們能夠度過層層在社會運動與社會改變的過程中，所遇到的困境與低潮，但要轉到政治領域，卻不得不重新調整這樣的理想性格。

社會民主黨從創黨以來，許多民眾不斷提醒「不要講太複雜太困難的事」、「你們是都市學術分子吧」、「彎不下腰、蹲不下去」這類的評語四處皆有。我們抱有許多的理想、想著許多的願景、也有許多的夢，然而在政治領域中「實踐」，同時也還得吸引足夠多的支持者來與我們同行，如果從我們口中所吐出的話語，是多數人難以接受的，或者是多數人難以理解的，我們又如何能創造政治上的改變，累積政治上的實力呢？

「做社會運動，你可以比社會前進五步；但做政治工作，你只能比社會前進一步。」這是在選舉過程中，一位過去也有相同理想的前輩語重心長地跟我說。要如何從五步（或許可能是十步），走回到一步兩步的距離，還必須一邊鋪建讓其他人跟上你的道路，這或許是帶著社運色彩參政的我們必須不斷重複思索的議題。這便是我第二個學習與體會。

永遠「不那麼重要」的同志議題

身為一個同志運動者，服務同志社群的工作者，打造一個對所有人都友善的環境，是我打從心底最想做的事情，不只是婚姻平權，而是更多更多，從個人心理健康、到家庭環境、工作職場、老年生活，因為任何社經階級、家庭背景、教育程度，不論在城市或偏鄉，都可能會有同志存在，同志就存在每一個社會的角落中，因此，任何跟台灣的議題，其實都會和同志有關。更因為我深信，一個對同志和性別友善、能夠理解差異的社會，對於其他的弱勢議題也能同等的看待與接納。

然而，在我們還沒走到那個階段之前，身為一個候選人，該怎麼著墨於我所長期關注的同志議題，同時也讓民眾理解到我也非常在意許多其他與公平正義、台灣民主、社會福利等相關的議題，便成為我很重要的挑戰。

同志議題長期以來在台灣確實相較於其他社會議題來說，是較為邊緣的議題，不怎麼受到大眾的關注，投入的資源也沒有這麼多，許多人確實也會認為國家主權、或是世代正義更為重要。但從另一個角度切入，為什麼不是都同等重要呢？為什麼議題還有輕重緩急之分呢？被性別歧視的社會所傷害，難道就會比台灣不是一個正常國家的痛來得輕微嗎？如果說帶著「覆巢之下無完卵」的態度，來證明主權比性別重要，那豈不是又走回國族至上的老路子嗎？

但確實在選舉的路上，有著許許多多的人告訴我和我的家人：「你要不要少講一點同志？」、「你可不可以等你選上了再多談一點同志，現在先不講？」甚至有捐款人直言「你講少一點同志我就多捐一點」，可見得打著鮮明的同志旗幟出來參選，確實讓較為傳統的民眾感受到些微（可能不只是些微）的不舒適。但我是帶著這些年來社群滋養我的養分走到今天的，同志身為台灣多元公民的一分子，自然有特別的視角與觀點，但同時我們也都為了台灣而努力著。

和原住民、新住民、客家人的身分認同都一樣，同志也是一種多元的身分認同，為何我不能多談？正是因為這些「好心建議」我別多談的聲音，我更希望能透過各種機會，和群眾溝通，所以我在戶政伴侶註記搶了頭香，也報名了台北市政府的聯合婚禮，最後還在大馬路上封街辦桌結起了婚，光是選舉的十個月內，我就結了三次婚（但到現在還是沒有辦法真正成為法定配偶）。

我相信人的視野與角度，是和每個人本身的生命經驗息息相關的，作為一個同志運動者，在不斷的被排擠與被犧牲的過程中，我深刻的體會到，沒有任何一個議題比另一個議題來的不重要，每一個生命，都是重要的一課。

做明星，或是做公民

在開始真正的投入選舉之前，我只是一個平凡的三十出頭年輕人，或許工作有一點特別，但和多數的同輩人生沒什麼兩樣。多年來幾百場的演講活動或偶爾會上電視討論議題，讓一些關注性別的人會認得我，但基本上，有非常微薄的名氣，是工作伴隨而來的必要，卻不是我所在意的。

然而，選舉是一個非常現實的競爭，沒有人會把票投給一個不認識的人，要有支持度，勢必得要先有知名度，同時也得體認，知名度並無法完全轉化成支持度，所以一定要夠有名，才能有可能獲得足夠的支持。

立委選舉的單一選區兩票制，一個選區只有一個立委席次，唯有第一，才有接下來的故事。因此，要獲得五成的支持度，勢必得讓超過五成以上的人認識我，才有可能進而支持我。相較於我的兩位主要對手，都是長期的選區民代，又每天上電視發表高見，我們的「絞盡腦汁打知名度大作戰」就此開始。

站路口和市場掃街，雖是基本的拓展知名度行程，但要讓自己快速變得有名氣，上電視就成為了兵家必爭之地，在路邊曬太陽三小時可能路過幾百人次，但上一次電視，可能有幾萬人次就此認識我，聽起來CP值確實是相當高。然而，這樣單向的、片段的，甚至有時候是表演性質過高的媒體露出，我花了許多的時間才稍微能夠接受一些，但我想可能永遠都無法適應，只能試著把它當作是工作的一部分過程。

媒體效果的呈現固然相當重要，但我仍舊不斷的在思索，期待新政治到來的我，到底是如何看待（或想像）新政治中的政治代理人？過去的政治明星總是一呼百應，萬夫莫敵，但也總在賞味期過後，瞬間墜落到人人喊打的境地。人民過度的期待與仰賴政治人物「拯救」悲苦台灣同胞的想像，已經超乎人性所能負荷，因此總是走向失落。

我認為名氣與名聲固然是在選舉路上的必須，但身為政治代理人並不能因此濫用或操弄之，反而我們必須時時刻刻提醒選民，真正的權力在每位公民的手上，政治人物也不過是公民中的一分子，千萬不能夠盲目的、一面倒地把手中的權力交付出去，才得以建構健康的公民社會。

這個世界沒有神。

這是我親身投入選舉後最深刻的體會——民主與公義必須由群眾共同努力，未來的日子裡，我會永遠提醒自己，也試著讓更多人理解這件事情。

吳沛憶

是美化，不是偽裝

文宣工作要項：

1. 規劃候選人形象主軸。
2. 候選人形象主軸視覺、文案設計。
3. 社群互動實體活動舉辦。
4. 企劃社群連結網路活動。
5. 企劃候選人形象影像廣告。
6. 企劃候選人政策影像及網路懶人包文宣。

青年里長選舉，空戰都是虛的，陸戰才是王道？

選舉方法論永恆的辯論，到底是空戰（文宣戰）有用，還是陸戰（組織戰）有用？有一種說法是，要看選區大小，小選區例如村里長、代表高度仰賴陸戰，甚至不太需要空戰，大選區則可以靠空戰拉抬氣勢。另一種說法是，都市可以使用空戰，鄉村地區則還是得靠陸站。

二〇一四年我剛進民進黨中央黨部，負責一個叫作「民主小草」號召青年選村里長、代表的計畫，最後我們推了五十四位年輕人出來參選，他們的地理分布很分散，從基隆到屏東，從台北到澎湖，城市或鄉村都有。由於身分設定是四十歲以下的年輕人，因此，這些候選人有人已經參選過幾次，有人雖然沒選過，但有多年輔選經驗，有的人則是真的在網路上看到，什麼地方淵源、政治累積都沒有就跳出來選了。黨部將自己定位為：不僅止號召，也要協助輔選的角色。然而這樣的人群組成，以及村里長、代表基層選舉的特性，使得這場史無前例的輔選計畫，對我們造成極大的考驗。

首先，所有有過選舉經驗，或者只是曾經在路口拿過里長面紙的鄰居都會毫不猶豫地告訴你：「村里長吼，就是要靠搏暖，要勤走基層。」然而，對每一位候選人來說，他面對的成敗是他自己的一場選舉，我們要面對的成敗，除了各選區的成敗，同時是這個象徵重視青年的政黨形象計畫是否成功？政黨形象，就是一個政黨烙印在民眾腦中的印象，印象聽起來好像是虛的東西，但是對一個政黨而言，它要給人什麼印象，絕對不可能憑空而生。所以，我們必須全力地提高這些青年候選人的當選機會，倘若我們為了鼓勵青年參政，號召一群青年出來參選，結果他們全部慘敗，那我們不只是沒有達成初衷，甚至是做了一次最強的負面宣傳，而那是我最擔心的事情……

但是，在有限的資源下，我們不可能有五十四組輔選團隊進駐他們選區，陪著他們在鄰里間走動。我們只能選擇集中資源，以形象宣傳作為最主要的輔選作為。鄰里之間的人際網絡，必須靠候選人自己土法煉鋼去拓展。年輕人要選里長，最常遇到的問題，就是傳統印象中，對於毫無政治資歷的年輕人能力的不信任。我們要做的事情，就是在外部幫他們把「民主小草」的品牌建立起來，讓他們去敲里民的門拜訪時說出我是「民主小草」，人們知道這群人是民進黨支持的青年。

政治品牌建立的ＳＯＰ，第一步，你要有口號以及搭配這個口號的主視覺設計；第二步，你要節選合適的內容去建立符應口號的形象，例如說，為了進一步去詮釋「民主小草」是民主的青苗，沒有什麼強大的背景但生命力蓬勃的意涵，我們為每位候選人進行訪談，寫出屬於他們的故事，並為此架設網站來傳播。於此，這些無名小人物終於成為你google他的名字，能夠搜尋到一筆資料的微公眾人物了。第三，你有故事了，你要想辦法去擴散，把故事傳出去。這個時候，你需要媒體報導、你需要網路推播。所以我們舉辦記者會，找來黨主席蔡英文和所有參選人站在一起，藉由蔡英文，讓民主小草四個字和所有參選人的畫面透過電子媒體在電視上傳播。如果傳統媒體是廣度的放送，網路媒體就是針對特定群體的主題放送。為了爭取年輕人的支持，我們挑選了五個不同主題的故事，分別是：搖滾里長、返鄉青年、都市社區、女性參政、離島青年，拍攝短片在臉書發布，得到不錯的回響。

不少人包括候選人不免會想，這些按讚的人，留言的人都不會是我的選民，做這些事情有用嗎？倘若你認為網路關注要等於選民基礎，才需要網路經營的話，整個國家大概只有總統候選人需要網路宣傳了。網路並不是新的東西，只是社群網路帶我們進入新媒體時代，網路社群是這個社會的另一個組合，要在社會裡成為有聲音的人，首先你必須多講話，而且你要想辦法讓很多人願意聽你說話，而要有追隨者，你要找到讓人喜歡的說話方式和說話內容，同時又要讓人相信這就是真實的你的樣子，不是為了討好而假裝。樣子，就是我一直提到的建立形象，說完了青年里長初生之犢的樣子，我們來看看一個最大在野黨黨主席第二度參選總統的樣子吧。

要給蔡英文一個什麼樣子？長官說了四個字，我們做了半年……

二〇一六年一月十六日是總統大選投票日，蔡英文的競選辦公室在二〇一五年五月正式成立，所有的助選團隊，包含組織、社團、活動、新聞、文宣、政策、國際連結等各個部門就位，所有的競選籌備依照期程規劃如火如荼展開。

我參與的部門正式名稱是蔡英文競選辦公室—媒體創意中心，在整個競選辦公室屬於文宣群，這是以中央黨部的文宣部門為班底，再乘上兩倍人力的團隊，部門人力總共約二十人。選舉時候文宣部門要做什麼呢？事實上是包山包海，同時間有非常多的專案在進行，如果以工作內容來分的話，大致可以分成活動、文宣、網路，雖然很多事情都是這三種工作交織著在做的。正式的競選活動是五月開始，但是我的第一份專案其實在二〇一四年年底九合一大選結束後就被交辦了。

二〇一四年年底文宣群執行長找了我們過去，他說：這是蔡英文第二次參選了，她對社會來說已經不是上次參選的那位「非典型政治人物」。我們要想個辦法給她一個新的形象，你們覺得二〇一六的蔡英文跟二〇一二年的蔡英文有什麼不一樣？

社會對蔡英文是熟悉的，可是對她的認識仍然不深，最普遍的印象仍是停留在她早期從政的形象：理性、冷靜、蔡博士，這樣的印象正面來說是沉穩，但反面來說似乎總是讓人感到有一點距離。但是熟悉蔡英文的人都知道，她其實待人很親切，特別是二〇一二年敗選後，她卸下黨主席與候選人的身分，到台灣各地去探訪偏鄉小學、部落教育、中小企業、在地社區……等等，沒有選舉的壓力，沒有媒體的關注，沒有時間的限制，她反而更能深入地和這些民間達人互動。不用幕僚的談話講稿，她自己就能和這些人有許多話題，這樣的她，像是一位溫暖、親切的蔡阿姨，而不是電視上總是嚴肅談論政策的蔡教授。

小草
市

民主小草
民主小草

YouTube TW
Search
小英 & FRIENDS
在地希望
台東
巴喜告
0:15 / 5:03

《返鄉投票》十二星座之媽我會回去投票

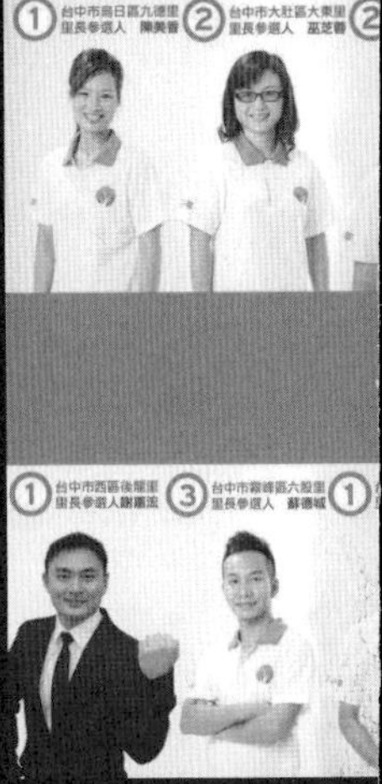

1月16日投票大確幸－《呼喊自由篇》

等到正式大選打起來，政策一定是候選人的文宣主軸，所以我們決定提早半年開跑，先把溫暖親切、親近土地的蔡阿姨推出來，讓人們先認識這樣的蔡英文，再聽聽這樣的她推出什麼樣的政策。於是，二〇一四年底，我們開始了「在地希望」小英 &Friends 的影像拍攝計畫。我們把蔡英文過去四年探訪過的對象整理製表，依照類型、縣市分類，選定二十二個縣市一縣市一主題，主題從青年創業、畜牧業、製鞋工廠、部落小學、青少棒球隊、有機農業、新住民採茶班到海上養殖，儘量涵蓋社會各個層面，這個影像計劃的目的，是要帶大家看到電視上看不到的蔡英文，也就是我們希望大家認識的「溫暖而親近土地的蔡英文」。

最後決定拍攝十四個影像紀錄，然而執行的過程比想像中困難許多……首先，這些探訪對象都是各處的在地達人，大部分不是既有政治網絡可以連結到的。所以必須先一一找到他們的聯絡方式，並且，為了確定對象是合適的，也要先搜集資料，讓候選人到訪之前，先做足功課，才不會落為走馬看花。

所以工作人員得先打電話過去詢問能否前去拜訪，畢竟是政治人物的計畫，有些人即使很支持，也會有染上政治色彩的疑慮，所以需要展現誠意，進行事前的妥善溝通。例如其中一個要拜訪的對象是彰化的傳統鞋廠轉型成的少女鞋網拍，當聯絡對方表明我們是蔡英文競選團隊時，對方甚至以為我們是詐騙集團，在親自過去拜訪後，對方非常興奮，也願意接受拍攝。第二個困難之處，是十四個拍攝計畫，等同必須在候選人緊湊密集的行程中，想辦法抽出十四個空擋，而又必須適合拜訪對象的時程。例如，我們要去南投竹山的採茶園拜訪新住民採茶班，好不容易敲出候選人的時間，結果正逢採茶旺季，對方已經上阿里山去做工了，而且一去要兩個星期才會下山……。

除了前置的總總困難，最為艱困的還是當天現場的拍攝，因為這不是廣告片，無法事先設定腳本，為了讓互動自然，我們只能先設定好拍攝大綱以及談話參考，讓候選人事先準備，一到現場，就全憑互動自然地展開了。有的時候，候選人和拜訪對象相談甚歡，話夾子打開天南地北的聊，但眼看著候選人只剩下十五分鐘就得去下一個行程，關於影片的故事主題還沒談到，我們只能找到適合的時間點，以不影響現場互動的方式適時提醒。

這個計畫，從「在地希望」四個字發想開始，花了半年的時間，才拜訪完十四個對象，並且全數後製完畢。網路時代還帶來一個很大的改變，沒有網路的時代，候選人是不可花資源拍攝這麼多影片的，因為影片傳播的管道只有電視廣告，而電視廣告費用實在過於龐大，頂多製作二至三支就是非常大的數量了。網路時代，尤其是臉書使用普及以後，多了臉書的管道可以傳播影片，相對於電視廣告費用，網路廣告平價非常多，有時搭配話題性，甚至不用下廣告，就能達到百萬的點閱率。透過臉書發布影片還有一個好處，若是具有話題性，例如：蔡英文到雲林養豬場餵小豬，影片發布後，不需要另開記者會，平面媒體就會直接轉載影片寫成一篇新聞，若是電子媒體有興趣，也會主動和我們要資料畫面做新聞，我們又多了一則新聞在電視上露出，而且是我們希望傳播的內容。

在地希望系列影片發布後，我們發現似乎意外接觸到更多的社群，例如青年新創團隊是這幾年漸漸興起的社群，而這是我們既有政治網絡較少接觸到的，透過候選人和單一團隊互動的影像發布，這個社群會開始注意到，原來這位候選人對我們是有所關注的。平時他們可能不太會在臉書上轉貼政治人物的訊息，但像這樣的影片他們就會轉貼分享，因為這是和他們自己有關的事情，政治終於不是遙遠的和生活無關的事。

為了和各種社群有更深的互動，我們接著企劃了「在地希望生活節」，邀請這些新的小的社會團隊到現場擺攤，並安排候選人到現場，透過這個活動，我們和這些社群從網路來到了實體的互動。在後來選前密集的造勢晚會中，我們也邀請他們隨著造勢活動擺攤，甚至邀請他們登上造勢舞台演講。雖然是政治活動，但是我們沒有請他們推薦候選人或是幫忙拉票，而是請他們講自己的故事，除了是對專業者的尊重，同時因為我們選擇的對象，他們經營的事業和候選人的政策理念是一致的，也希望透過他們的現身說法，讓台下造勢晚會的支持者，能夠以軟性的方式去感覺到候選人的政策理念。這是雙向的互動。

網路影片、實體活動，在地希望計畫接續著還發展出網路徵件，我們架設一個獨立於競選官網的網路專頁，專門刊登主動投稿的團隊故事，最後總共刊登了三百多件故事。這同樣是一個雙向的互動，這些團隊透過候選人的網頁增加曝光率，而我們也因此和夠多社群產生連結。為了替這些團隊故事傳播，利用候選人的臉書頁開設「在地希望線上博覽會」活動專頁，每天固定推播二至三則網站故事，這樣做的好處是，原本候選人臉書粉絲頁的能量，每天大約能發布二至三則文章，加上在地希望活動頁的能量後，臉書粉絲平均每日能接收到候選人四至六則的訊息，而臉書經營的經驗告訴我們，保持訊息量是讓粉絲持續關注你的粉絲頁的一個好方法。

空戰戰法三大武功：活動、文宣、網路

在地希望只是這場總統大選的前導文宣，透過這個案例，可以看出文宣工作的三大部分就是活動、文宣、網路，而這三者是相輔相成的。當我們設定要傳播的主題，以及鎖定想投標的對象後，就得利用這三種方法，盡全力地把訊息傳遞出去。把訊息傳遞出去，是文宣工作的終極目標，而它的困難之處就在於，你沒有一大群可面對面直接訴說的對象，你必須找到對的傳播管道，把你的訊息傳遞出去。沒有網路的時代，最主要的文宣傳播就是透過媒體，你想要說什麼，就開一場記者會，或者發一篇新聞稿，等待媒體報導。媒體報導在網路時代還是非常重要的文宣管道，因為它的普及率還是最高，只是操作的方式開始有些變化。例如政策發表，當候選人有重要政策推出時，每一個政策發布，就開一場記者會，那記者會上要做什麼呢？傳統可能是由候選人或發言人以口語及書面資

料傳播，前面提到網路時代降低發布影片的成本，所以我們為蔡英文的重要政策每一項都製作了一支動畫影片，這支動畫也成了記者會上重要的吸睛內容。過去開完記者會，可能只要整理候選人發言，寫成新聞稿發給媒體。當我們多了網路發布管道後，則是記者會完，同步將訊息由粉絲頁發布。

有時內容重要，事先透過臉書、line預告記者會網路直播，若是精彩的記者會，則能事後剪輯成影片，在網路上進行二次傳播，而這樣的自製影片除了能自己挑選重點，也能避免媒體剪輯成兩分鐘報導，難免發生的斷章取義。

政策發布除了開記者會由候選人說明以外，它也可以透過活動來宣傳。例如，為了宣傳候選人的動物保護政策，競選團隊舉辦了「毛日子」市集活動，邀請友善動物的各種商家、動物溝通師、動保協會到場擺攤，民眾甚至也能來領養寵物，自然吸引了愛護動物的朋友前來。這些朋友可能一輩子從來沒去過造勢晚會，但透過這場互動，他們接收到了蔡英文對動保政策的理念和重視。這是一場活動，也是一份不折不扣的文宣。同時，它也具備社群動員的效果。

從3D小豬到3D小英、動漫見面會、彩虹悠遊卡、脫裙女孩、12星座……

3D小豬、3D小英、動漫見面會、彩虹悠遊卡、脫裙女孩、12星座……，以上這些關鍵字，都很難直接聯想到蔡英文，但這些都是蔡英文總統候選人的文宣活動。它們看起來好像也沒有什麼關聯，但共同的特性是，它們都連結到一個社群，可以說是動員型的文宣。有一種文宣需求的效果普遍性地散播，例如蔡英文提出的五大政治改革，這樣的政治訊息，我們希望不分對象，傳播地越廣泛越好。這類型的訊息，會透過候選人到各地組織行程，一再地演說。也會製作成平面的傳單，讓各地競選總部能夠發送。而動員型的文宣則是分眾的，你需要鎖定社群對象，靈活地以該社群喜歡的方式，把訊息投放進去。例如，3D小豬，這是延續蔡英文第一次參選總統的小豬撲滿小額募款活動，針對的對象是支持者社群，雖然支持者已經會投票給我們，可是需要一定的活動去滾動他們的熱情，因為他們的拉票是我們最好的宣傳。第二次舉辦小豬募款總是要有新意，我們也趁勢連結 maker 社群，找來3D列印團隊，使用新的技術設計新款小豬撲滿，甚至也舉辦了3D小豬設計大賽，加深和該社群的互動。3D小英則是為了讓硬生生的政策添加趣味，找來動畫團隊設計 Q版的3D小英，在和動畫團隊的互動中，我們了解到台灣動漫界的生命力以及他們面臨環境資源匱乏的困境，因此找來動漫界專業人士和候選人同台舉辦了「小英動漫見面會」，許多的動漫迷為了朝聖動漫家，也想聽聽蔡英文對他們關心的動漫有什麼想法而來到現場，這場三百多人的活動，參與者大多是年紀相當輕的動漫迷，透過他們在網路上的分享，我們把蔡英文以文宣活動的方式，又投放進了一個新的社群。

一個相當可能成為台灣第一位女總統的候選人，她對性別政策的意向自然是高度受到關注，特別是她過往的對同志婚姻的發言，讓同志社群對她有一定的期待。所以在接近同志大遊行的日子，我們製作了支持同志婚姻的影片，也請來知名設計師聶永真設計了彩虹圖樣的悠遊卡，作為網路募款小物，上線後一天內就秒殺了。這是另一個文宣動員社群的案例。除了盡可能和各式社群對話的文宣活動以外，單純為了塑造形象的影片廣告也是重要的文宣工作，特別是來到選前倒數時間，刺激投票意願是非常重要的文宣任務。過往，選前一定會有一波返鄉投票的文宣發布，由於有很高比例的選民戶籍都不在住處，利用動人影片，激起民眾的愛鄉愛國情懷，願意花一天的交通時間返鄉投票仍然是必要的動作。還有一種從眾效應也值得花資源投注，這其實是順應人性，要製造一種氛圍是「大家都在討論要去投票」。有的人或許我們整場選戰下來，都沒有成功把文宣投放進他的生活，他不會參加造勢活動，他沒有收過選舉文宣，他甚至沒有在看蔡英文的臉書，而他臉書社群也很少有蔡英文的訊息。

那麼投票廣告可能是我們最後一波可能接觸到他的機會，因此，我們的投票廣告策略是不要提太多候選人，甚至根本不提候選人，我們只希望你重視自己的一票。這樣中立的廣告比較有可能突破同溫層傳播出去，要突破同溫層還有一個方法，要有話題性。例如：有一支點閱率破百萬的廣告，是一群高中女生脫下制服裙，穿著運動短褲跳躍起來。由於呼應到高中生爭取服儀改革的話題，加上，當然我們找來長相相當甜美的女主角，讓網友直呼：戀愛了，引起網路討論，我們的目的就達到了。另外一支也頗具話題性的投票廣告，是以時下流行的12星座反應來設計年輕人接到媽媽來電要他投票的腳本，這種方式較為風趣幽默，符合年輕網路族群喜歡的調性，「太不像政治廣告」因而引起網路討論。

一場總統選戰的文宣作為相當龐大，沒有辦法一一列舉，也很難有個制式的SOP。如果這篇文章有什麼可以與你分享的，或許就是忘掉制式的政治文宣該怎麼做，回到起點，想想人與人之間該如何溝通相處？作為一個候選人的文宣團隊，你不能只想著候選人要告訴選民什麼，如果你只是一直說你想說的話，而對方聽不到，或者你說話的方式對方不想聽，那一切是枉然。文宣工作就如同我們在追求對象一樣，首先你要先想辦法了解對方，然後找到適合你和他的對話方式，當然，要讓別人真的喜歡上你，你要適度的美化，但不能偽裝。要相信選民是有能力看穿虛偽包裝的，特別是在新媒體的時代，如果候選人和你要宣傳的內容是根本抵觸的，再怎麼精細的技巧也無能為力，甚至會成為負面宣傳。我想國民黨候選人提供了不少這樣的例證，各位未來的文宣工作者千萬要謹記在心啊（笑）。

吳哲希　只要肯做，好人一定出頭

地方選舉的工作要項：

1. 丟掉知識分子的自傲，謙卑地彎下腰，認識真實的政治文化。
2. 試著換位思考，站在選民的角度，思考他們為什麼要向民意代表求助？
3. 全能。清晨公祭、早上開記者會、中午寫談參、下午會勘、晚上跑攤。
4. 平日加班，周休二日還沒得休。加班費？勞基法是什麼，能吃嗎？
5. 如果不能接受，還是別為難自己和家人了吧。闔上這本書比較實在。

簡單來說，地方選舉就是檢驗公職或候選人日常經營選區的成果之時，無論是監督市政或是選民服務，只要經營得宜，自然水到渠成。反之，選民會用選票讓你休息四年。

我在屏科大參與學生自治後，不知哪來的自信，認為自己似乎挺適合從事政治工作的。於是先在二〇〇九年時去縣市長競選總部應徵工讀生，帶領青年軍站路口、掃街，這是我第一次實地接觸地方選舉。同時在選後轉學至義大政管系。

在二〇一一年、大三升大四時，我回到成長的臺南市永康區，在選區的新人議員、現任勞動部政次郭國文的服務處進行系上要求、為時六周的公共管理實習，協助管理臉書、查閱法案助理所需的資料，並在實習後爭取留任獲准，自此走上了這條人跡罕至的不歸路。

不到，就是不給面子

當時適逢預算會期，而我的老闆做為自許專業的民意代表，身為菜鳥幕僚的我，也得開始在預算中發掘問題，再詢問相關單位的官員、查詢相關文獻，並藉由諮詢專家學者或關係人以深入了解，進而撰寫質詢稿，讓老闆在議會提出質詢。質詢後，還得發布新聞稿，並將影片上傳至臉書，或透過樁腳和支持者的口語傳播，或是通訊軟體展示成績。做事固然重要，但更重要的是，做事要讓人知道，才能進而提升知名度和選票。

我也開始處理選民服務，主要的來源是開始廣為使用的臉書，或是接聽辦公室的電話，當然也會有樁腳、支持者的請託，無論是路平燈亮水溝通、夫妻失和鬧離婚、家裡養的小白走失、小孩子要調班轉學還是換好的老師，甚至承包市府工程卻遲未收到款項、車禍違規或酒駕等等，彷彿都是民意

郭國文

代表的職權。

當時的我抱持著知識分子的自傲，不斷懷疑選服和紅白帖的必要，認為議員應專注在監督市政，而不是把時間花在選民上。但仔細想想，若你不關心選民和選區的日常大小事，或在選民的人生面對重大轉折時，你都沒有參與，你會真的了解選區和選民所需嗎？要怎麼讓人相信你會替他爭取應有的權益？或實踐你口中那崇高的政治理想？連人都看不到，這年代最不缺的就是謠言和詐騙集團，誰會相信一個鮮少出現在選民面前的人？

說到這，我依稀還記得，有次老闆在學運時的戰友到辦公室拜訪，但老闆因行程耽誤而姍姍來遲，當時這位老師不斷質疑老闆身為高學歷的知識分子，為何還要把時間花在跑攤上？老闆只無奈回應，我只是在盡力維持我的社會關係。

沒想到的是，這位老師也在二〇一六年時代表第三勢力，投入了區域立委選戰，但他不太建構或維繫他的社會關係，結果也就不令人意外了。而同為戰友的該選區某位資深議員，在那場運動十年後的回憶錄中大肆抱怨地方的政治文化，甚至還在近日和青年對談時，一口氣把議員一年十二個月、二十四個節氣、三百六十五天的工作內容給爆發了出來，妙語如珠、搏得滿堂彩。

但只有政治工作者知道，這些話的背後，隱含著多少辛酸血淚。民意代表和幕僚是二十四小時待命，不能關機，凌晨沒接到電話，隔天就會聽到選上了就不接電話的風聲。從周一忙到周日就不用說了，什麼？假日應該可以休息吧？錯了！假日更忙，因為活動都辦在假日，平日沒人來；邀請你了，如果你不到，就是不給面子。

實踐是檢驗真理

對，這很荒謬，但這就是地方政治實際的樣貌，選舉是殘酷的零和遊戲，如果你沒選上就什麼都不是，還遑論什麼理想？能吃嗎？即使近年來公民社會崛起，不能否認的是，地方的政治文化依然重視人情世故。重要的是，我們必須理解到背後所代表的意義，與選民建立互信基礎，才能進而改變他們對政治的想像，而不是不斷強調自己的優越。

對於青年世代來說，這是一個最壞的時代，但也是一個最好的時代。壞的是，我們身處崩世代，又面對既得利益者複製階級的挑戰：好的是，就如陳定南說的一樣：「只要肯做，我可以保證，好人一定出頭！」只要願意彎腰，傾聽民意、深耕在地，我們就有機會取得政治權力，去實踐、去改變。實踐是檢驗真理的唯一途徑，就一起努力吧！

吳崢　善盡資源是道德義務

總幹事工作要項：

1. 根據不同選舉團隊分工不同，工作內容極為彈性，從媒體、組織到團隊整合等都有可能。
2. 擬定選舉戰略目標、策略與規劃，也就是操盤。
3. 設定選舉時間軸。
4. 研擬候選人形象與路線、公開發言等。
5. 協助政治判斷。

我在選舉時擔任的角色是競選總幹事，就這部分分享我個人有限的經驗與心得，另因參與的是立委選舉，因此須注意以下內容皆以單一選區為基礎出發，複數選區則在概念與操作上又會有所不同。

一開始務求定好最終目標

首先從選舉的本質談起，選舉就是政治上的一種競技，在限定的時間內運用有限資源取得優勢，最後擊敗競爭者的一場賽事，這是選舉制度的初衷，候選人期望透過選舉實踐的價值可以有很多，但對選舉的本質務必要有清晰的認識。

既然是競技，那麼最主要目標自然是在競技中勝出，亦即勝選。為此，身為策略操盤手的總幹事必須時時刻刻以戰略的角度來思考，檢視選舉中的所作所為是否成功使候選人離此目標越來越近，過程中所付出的時間、人力、金錢有無轉化為實質的成果（選民的支持），對於資源有限的獨立參選人或小黨候選人來說，大部分金錢與人力來自一般支持者的協助，因此理性地將資源發揮最大效益不僅有實然上的必要，更具道德上的義務，即便一開始參選設定的目標便不在當選，也適用同樣的道理。

對候選人和總幹事來說，在投入選舉之前或初期便規劃好整場選舉的戰略目標至關重要，是不惜代價也要勝選抑或志在參加？為了未來先選一次打知名度？利用區域選舉拉抬政黨氣勢？有沒有大概算過整場選舉的總預算是多少？任何大戰略方向的不同都會影響到接下來所有的細部操作與執行，如同我方才說的，選舉就像是競賽，沒有終點的競賽對參加者和支持者來說都會是一場折磨，因此務求一開始就訂好清晰的最終目標，切忌邊走邊看，現代選舉的高強度競爭不僅根本不容許這種餘裕，且一旦選戰正式開打後，每日數之不盡的繁瑣庶務，和隨時可能發生的突發狀況便會占盡候選人絕大多數的精神，沒有建立清楚的選戰軸線則極容易迷失在其中，到最後團隊自己都不知道自己在幹嘛，極為消耗。

盡可能隨時掌握選情狀況

為此，建議候選人與團隊利用倒敘法，將選舉的大戰略目標確定後，大致盤點手上所能運用的資源，針對選區狀況、對手情勢，將整場選舉規畫為幾個大階段，分別遵循戰略目標的指導原則訂定階段任務，再以此細分日常的選舉工作日程，如此較不易在選舉中迷失了方向，一旦決定了每個時間點要完成的目標，剩下的便是如何做到，以及時時檢視進度和能否忠實執行的問題了。

為了使選舉方向不致在過程中走偏，盡可能隨時掌握選情狀況也是必要的功課之一，如此才能確定資源的投入是否有效，有沒有照著進度發展，有沒有必要調整重心等等，而不論是向有選舉經驗的專家諮詢、實地走訪基層感覺、新聞輿情判斷等各種管道都是很好的方法，但在此還是要特別強調民意調查的價值，雖然許多研究都指出電話民調的侷限性，包括先天的取樣誤差，執行過程易受影響等，但至少在現階段，我認為民調仍有其無可取代的價值，一次好的民調可以藉此研判出的情報非常多，包含選民的偏好、實際的支持分布與目前候選人欠缺的拼圖等等，這些在選舉中都是不可多得的珍貴情報，若是定期執行民調還能看出整體選戰的走勢變化，雖然市面上的民調公司執行一次皆所費不貲，但為了避免淪為選舉中的無頭蒼蠅，建議還是將民調列為必要的花費。

計劃不需太繁瑣

另外要再特別提的一點是，在戰略和選舉時間軸擬定的過程中，不需要規劃得太過詳細，一來是選舉過程本就由突發事件組成，太鉅細靡遺的計畫不僅不實際，還會導致團隊花費過多心力，降低機動性，造成見樹不見林的問題。二來是計畫執行的細膩度和達成率很大程度取決於團隊的人力與能量，以小黨的立委參選人有限的資源來說，通常團隊人力都相當吃緊，一人須身兼數職，在局部上追求完美對於大局並沒有太大幫助，只會提前榨乾團隊，因此只要定期掌握競選節奏和步調都走在正確的大原則和大方向之上就足夠了。

前述提及的選舉時間軸，候選人必須依照自己的選區情況和局勢訂定在不同時間點的戰略目標，一般而言，我認為選舉大致可分為三個階段，但這三個階段並不必然有著時間上先後的順序。

一、知名度

對於政治，或者公眾事務來說，很大程度討論是建立在誰　說了／做了什麼這個前提之上，人在行為之前，意即若是你這個「誰」沒有辦法被大眾辨認出來，那麼很多時候不論你做了或說了什麼都是無效的，這也是為什麼知名度如此重要，可說是選舉的根本，許多候選人在選舉中所作的一切不外乎都是為了提升知名度，也有許多候選人終其整場選舉都無法擺脫知名度不足的困境。

舉凡開記者會、上節目、經營網路、發文宣、乃至掃街、跑攤等等，無非都是為了增加知名度，畢竟如果選民根本不知道你是誰，要如何指望他們將票投給你？有技巧的行銷策略、鮮明的記憶點、成功的形象塑造可以讓這個過程事半功倍，但當不確定能否掌握成功的操作時，頻繁地出現／曝光可說是顛樸不破的真理，出現在選民眼前越多次，選民就越容易對你產生印象，因此若是不知道該做什麼才好時，那就掃街吧，菜市場和宮廟或許世俗，但卻是一般民眾重要的生活據點，候選人不

中正・萬華
台北市・第5選區
林昶佐
台北市
FREDDY
時代力量

時代力量
NEW POWER PARTY
關鍵一戰 不能缺席
6 林昶佐
吳崢
林昶佐

能指望選民自動認識，理解你的政策，必須主動進入選民的生活，從最基本的推銷自己開始做起。

二、支持度

當選民已經對候選人具備基礎認識後（認得名字，能夠把人名和臉湊在一起），接下來才會進入支持度的問題，選民已經知道有你這個人，但他未必想把票投給你。爭取選民認同的方式很多，營造好的形象、宣傳政見、訴求政黨認同等效果各有不同，但一個共同的基礎認識必須先具備：基層的資訊傳遞速度很慢。

許多人會用已經習慣的網路生態來想像基層的資訊流通，然而事實上兩者存在著巨大的落差，必須認識到的是，對許多民眾來說，每天日常的「生活」就已經佔去大半的時間與精力，在下班做完家事、安頓好小孩後早已精疲力盡，並不像學生一樣有時間可以主動吸收外界資訊與時事，也不像年輕人一樣熟悉網路的運用，很多在網路上飛快流竄的訊息和討論，對他們而言彷彿從未發生，有如平行世界，對於網路來說發生超過 12 小時的事就已經是舊聞，但走訪基層妳可會發現即使數月後都還無人知曉。

鑒於政治資訊在不熟悉政治事務的族群間穿透力有限，因此要注意，所有候選人希望主動傳播的訊息，都必須非常簡明，且不斷重複，以文宣為例，最好是讓人能第一眼就看懂重點，需要花費時間閱讀的長篇大論是不及格的，對素昧平生的選民來說，並沒有特別的誘因去花費額外時間成本理解一份陌生的文宣，如同掃街拜票時，每一次握手之間只有有限的時間和選民說幾句話，文宣也是一樣的道理。

三、造勢

造勢活動在台灣選舉出現的如此之頻繁，已經成為台灣選舉季節的固定地景，一場好的造勢，可以昇華為辦活動的藝術，可以讓參與者感動落淚，可以讓候選人氣勢如虹，但回歸原點，不論是媒體上的造勢或是實體的造勢活動，其目的都只有一個：展現候選人的價值。

在各式各樣選民的投票習慣中，有許多人並沒有特定的政治偏好，但投票行為取決於候選人的勝算，也就是俗稱的西瓜偎大邊，這很正常，人們不想浪費自己的一票，喜歡支持贏家或潛在的贏家，這是人性，就如同大家看球賽往往喜歡支持強隊一樣，造勢的意義就在於展現候選人的實力，證明自己有足夠的能量和支持足以勝選，因此在競選的最後階段，往往就是造勢場合的大車拚，候選人無不積極的帶動風向，吸引還在觀望的選民加入自己的行列，成功的造勢和政治動員，在差距不大的戰局中往往能夠產生左右最後勝負的效果。

最後提一下和以上三者都相關的，候選人的形象經營，也可以說是品牌定位。一個好的團隊要能夠為候選人找到適合切入選舉的形象定位，以標示和他人的不同，根據候選人特質不同，也有南轅北轍的操作方向，因此難以在此用文字盡數說明，但有一個精神特別想強調，就是候選人畢竟不是一張完全空白的白紙，也不是可以任意塑造的黏土，形象操作和包裝有其極限，還是必須回歸候選人的本質，思考優點何在並加以凸顯，如果為了迎合社會期待而強把候選人冠上一個不屬於自己的形象，遲早會被人看破手腳，得不償失。

以上是我一點簡短在選舉中體驗到的心得，希望能夠對未來計畫投入選舉或政治工作的人有所幫助。

苗博雅

給「真・青年參政」的從政青年須知

李屏瑤　採訪

立委候選人工作要項：

1.二十四小時無休地執行候選人的工作

競選團隊內的其他工作都容許輪班、排班，所有職務都存在休假甚至離職交接的空間。但候選人若休假，就找不到其他替代的方式；若候選人退出，更會直接導致競選活動的終結。而在擔任候選人的期間，原則上是不會有公私領域的劃分，任何事務都必須接受選民的考驗，因此隨時都必須注意自己候選人的角色。

2.成為「政黨政策、價值理念」的「具體化身」

台灣的選民十分重視候選人的「人格特質」，成為候選人，不但要熟悉所屬政黨、政團所提出的所有政策，更要透過自己的言談、文字、動作、表情，在每一次掃街、對談、演講、握手、眼神交接時，將價值、理念、政策「具體化」讓選民能直接有感。

3.募款及決定經費運用

當競選團隊內沒有主要金主或募款能手時，候選人就必須一肩挑起籌募競選經費的責任，確保不積欠團隊成員薪資、競選活動不斷炊。

4.決策

候選人是競選結果的最終承擔者，因此，就團隊內有不同意見的事項，通常都由候選人做最終決策。

5.文稿

由於我個人非常重視以文字傳達理念，因此通常自己負責撰寫重要的文稿。

二〇一六立委選舉，我擔任的職務是台北市第八選區立法委員候選人。「候選人」是競選活動的核心角色，所有競選活動都是圍繞著增加候選人當選機率而展開，因此候選人具有很強的不可取代性，通常掌握著團隊最終的決策權；但同時，候選人也是團隊中任務最吃重的角色，一次失言或疏忽就可能造成重傷，通常在心理、體能上都有極大的負擔。

須知一、沒選上的話，之後要去哪裡？

如果今天一個年輕人要參與選舉，比如我跟欣潔好了，不是政二代，也不是富二代，那我們都面臨一個問題：「第一次選舉沒有選上的話，之後要去哪裡？」

因為政二代或富二代沒選上，回去找爸爸就好了。像我們沒選上的話，也許可以選擇去社民黨工作，還是沒有解決沒有錢的問題。去募款，也是我去募款，發錢給我自己，何必呢。這種情況之下，要繼續做政治工作，選擇並不多。因為你不可能去國民黨那邊尋找磨練政治工作的機會，去時代力量那邊，等於宣告第三勢力只有時代力量一個。對我而言，顧立雄律師是我很久以前就認識的人，並不是只要民進黨委員我就可以去，這其中的差異不好辨識出來，也很難跟所有人逐一說明。今天這個政壇就是長這樣，你有辦法宣稱完全不碰任何國民黨跟民進黨的政治人物嗎？如果沒有任何交流跟往來，那你等於自外於整個政壇。如果以後再參與選舉，我可以很清楚地表達我的立場，選民也可以做出選擇。

國會助理的生活有固定步調，星期一三四是委員會，星期二五是院會，在會期的時候，有委員會就要去幫忙法案審議。我個人還有處理辦公室的陳情案，陳情人是很五花八門的，跟選民接觸，了解問題在哪裡。六日是自己的時間，就把自己要做的事做完，去演講，準備節目內容，下班有時候會以路過的方式，去找地方上的人聊天，維繫一下關係，也要跟志工保持聯絡。沒有資源其實沒辦法，轉化為現實就是如此。

以社民黨而言，一開始不是很有經驗的政黨。對於政治場域的顏色、定調、屬性，都跟傳統的認知不同。在社民黨創黨之初，范雲曾被媒體下標說「對藍綠都不滿」，這樣的敘述方式，讓很多選民產生困惑或誤會：那是對藍綠一樣不滿嗎？還是對誰不滿更多？如果今天民進黨要來支持你，你要不要被支持？這都是需要被思考的，進入政治工作的實作領域，常常需要折衷再折衷，也牽涉到選民對政治的想像的不同。

我現在擔任國會助理，說是有周休二日，但現在的狀態，在國會的工作之外，也有政黨的工作要做。跟其他有席次的政黨相比，席次代表了發言權，一個政黨沒有席次，該如何延續，讓更多人認識、更多人知道，就要自己去爭取。我在工作賺錢之外的時間，就要把這些事情做起來。現在要同時做自己的事跟老闆的事，有演講還是要去，因為要維持一個能量。也要持續地經營臉書，經營跟地方的關係，都是要花很多精力去做的事。競選的時候，只要思考選舉跟社民黨，現在加上工作，要思考的東西還比以前更多。

須知二、候選人對「個人生活」的影響

二〇一五年的農曆年前，范雲來問我參選的意願，當時放假，我正準備出國，跟她說回國告訴她。整個過年我都在想這件事，考慮了一個多月。我無法去定義那個準備點亮的瞬間，參與公共事務是我更早以前就開始做的事，參政是種身分轉換。從社運工作者轉到政治工作者，合起來就是「候選人」。

補充當時的時空背景，二〇一五年初，大家對二〇一六年的國會選舉有很大焦慮，大家對蔡英文會不會當選都是個問號。至於國會方面，能不能阻止國民黨過半，也不是很樂觀，沒有人想到後來會變成這個狀況。我們做社會運動，在318時已經看見侷限性。現實狀況是，即使你呼喚五十萬人出來，但國會裡沒有人，法案就還是躺在那邊，無法移動寸步。並不是說換民進黨上台就可以移動，但你可以肯定地知道，如果還是國民黨，那你叫再多人上街都沒用，還是無法改變，那該讓年輕人怎麼辦？

我相信每個戰鬥位置都要有人，不能要每個人都去從政、每個人都去參與社會運動，每個人要找到適合的位置。改革想要推進，執政黨裡面也要有認同你的人。我想，既然有人認為我適合做這個位置，也不能說是「why not」，這樣太輕浮了，考慮過後，我覺得我應該，也值得去做這件事。這件事是應該被做的、應該被完成的，有人覺得我應該，我自己也不排斥，那我就去把這件事做好。決定參選，比較像是「告知」家人這個決定，擔心還是會有，他們知道阻擋不了我。這樣來說我還是幸運的，選舉需要家人的支持，特別是情感上的，不然撐不下去。

選舉很難，這件事大家都知道；募款很難，大家也有意識到；過程很累什麼的，大家也都有意識到。我覺得我比較沒有意識到的，是成為候選人對「個人生活」的影響，這倒是沒有人提過，我認為這是「從政青年須知」。我不會悲觀地去預測說一定打不贏，我知道要贏需要非常多條件配合，但小黨就是這樣，不是特別的阻力。選不贏就不要選，那我這選區就賴士葆來選就好，誰來選都選不贏。你要去對抗既有的政治勢力是困難的，當然也沒有錢，別人的選舉有兩千多萬預算，我要依靠募款，最後募到兩百多萬，大概只有人家的十分之一。事前沒有想到的是「人」的問題，政治畢竟是人的活動，是人與人之間互動的事，並不是熱血地往某個地方出發，像是桃太郎跟他的快樂夥伴那樣。每個人有每個人的觀點跟考量，如果讓這些不同觀點考量的人，一起來為同一個目標合作，需要很多溝通，這些都不是最初投入的時候想得到的。

婚姻平權
CTION NOW!!
成家

GAY
郭性泽

須知三、國家根本不鼓勵平凡的年輕人參與政治

我現在對選舉的想法更實際，與其想二〇一八怎麼樣、二〇二〇怎麼樣，我還不如去想下個月或是下下個月怎麼樣，你能不能持續地做好準備工作，持續地幫大家解決困擾，持續地去傳達你的理念，還有更庸俗的，你能募到多少錢？下次選擇你要請多少員工，有沒有辦法給薪水，而且讓他們薪水不用斷掉。你有沒有辦法與人一戰，而且選民可以合理地期待你可能會勝出。

如果要「真．青年參政」，找這社會上平凡的青年來參選，不是特別有錢，不是政治世家的，有誰能早早結婚生子，還買好房子？沒有，我們這代青年就是租房子，沒什麼人在想結婚生小孩，平常工作很累，戶頭裡沒幾個錢。青年參政真的是錢都用光了，好慘，為了選舉我個人還負債三十萬。因為以國家的法律規定，政治獻金不能發薪水給自己，捐款也不能發給自己，你在選舉這年，就只能吃自己。這是一個很大的問題，我們的國家根本就不鼓勵平凡的年輕人參與政治。如果要青年參政，沒有富爸爸，沒有人很好很願意捐錢的叔叔伯伯親戚，不可避免地，你的候選人需要更多的支持。比起參選之前，我現在做事情會想很多，不去想太久以後的事。現在很實際，只去想下個月、下下個月，現在做的，都是讓自己成為一個更好的、更有條件勝選的候選人，不切實際的想法，只是徒增紛擾。很像剛學會打網球，就說要去溫布頓，不如專注在讓自己成為更好的選手。待解決的事情太多了，一步步把成績做出來，現在喊得再大聲，什麼事都沒做出來也沒有用。

須知四、不要對政治有太多幻想

選舉必須認清自己的目標，就是要爭取成為民選公職，去實現理想。對政治的認識要真實，用自己的親身經歷去感受「政治過程的真實樣貌」，不要建立在道聽塗說的粉紅泡泡或無益身心的陰謀論

之上。我們不能把參政想像得像少年漫畫一樣熱血純真，但也不必認為政治必定臭不可聞。其實政治的美好跟醜陋的程度，就跟人性的美好跟醜陋的程度一樣，人性可以多美好，政治就可以有多美好；人性有多醜陋，政治就可能有多醜陋。所以大家不要對政治有太多想像，政治是由人組成的。近身觀察可以看到一些有趣的部分，大家對於新政治有很多期待，有些是可以實現的，有些是不能實現的。在人性範圍之內的，都有實現的可能；但如果你期待的是聖人再臨，那就很難，因為你把他想像得太美好了。

參加選舉之前，我沒有很認真地想過政治到底怎麼一回事，選舉完後，對於政治的想法比較實際，以前霧霧的，現在看得稍微清楚。也沒有到翻天覆地的差別，只是實際體驗過後，會有更近的感覺。而民意所向、風向變化是很快的，突然發生一件事，改變大家的意向也有可能。像是阿扁當年意外選上，但後來出事，被他鼓勵到的群眾，有些後來變成失敗主義。現況很好，可能明天後天發生什麼事，大家又失望，覺得都是假的。重要的是，如何讓大家知道，政治是應該被關心的，也能夠讓大家對每個議題有更多深入認識的興趣。可能大家會意識到，中間真的好多妥協，不見得是想像中美好的樣子，但這就是政治的更清楚的樣子。大家現在已經不排斥將眼光投過去，但只是霧裡看花是不夠的，要讓大家看得愈來愈清楚，沒有想像中夢幻，但願意繼續關心，這才會長久。

范綱皓

我就是蔡英文，蔡英文就是我

文稿小組工作要項：

1. 撰寫黨主席／總統候選人公開講稿。
2. 跨部門（新聞部、活動部、政策會）聯繫行程相關事宜。
3. 架設讀稿機。
4. 確認黨主席／總統候選人於媒體鏡頭前之位置與狀態。
5. 記錄與隨行黨主席／總統候選人之行程。

「綱皓，你要不要來試寫一篇主席的稿？」

「好呀！可是我怕我寫爛了，砸了文稿小組的招牌。」

二〇一四年九合一選舉完，民進黨獲得十三席地方執政的機會。二〇一五年一月，便是立委補選，民進黨在五席中搶下了三席。民進黨在二十九歲的時候，走向了第二次高峰。318學運後，走進體制內改造政治的聲浪四起。我們其中一部分的年輕人，走進了民進黨，成了民進黨最佳的「青春露」。

一個研究所剛畢業的年輕人，可以替總統候選人寫講稿，是難能可貴的機會。不過，正因為年紀的關係，我身邊許多非政治圈的朋友，從來搞不清楚文稿小組在做什麼？

文稿小組，其實就是文膽，只是我從來不會告訴別人：「我是蔡英文的文膽。」文膽，這兩個字所要承擔的意義太重了。當別人問起我的工作，我都說：「喔，我只是在幫蔡英文寫講稿，讓她公開講話時，有個參考。」

沒錯！文稿小組的任務，就是讓主席、讓候選人，到一個陌生的場合，有個談話「參考」。談話參考只需提點候選人，現場來賓有誰？來賓的背景是什麼？當日活動的重點是什麼？建議可以發揮的講話重點為何？過去，民進黨的政治人物，如：蘇貞昌、謝長廷、陳菊、陳水扁，都是上台前看完談話參考，站上台，拿到麥克風，便能滔滔不絕地說上半小時的那種老闆，可是蔡英文不是。

她是處女座。她說出來的話，必須要精準。精準到許多場合，我們都必須替她準備逐字稿。當逐字稿完成，她就幾乎照著稿，一字一句地「宣讀」。但是，我們不能讓她看起來像是在念稿，於是誕生了「讀稿機」這個「幕僚的惡夢」。

看讀稿機，念逐字稿，對民進黨來說，這個主席真的是「外星人」。身為幕僚，就是要把這個政治外星人，打造成民進黨的資產。文稿小組的任務，不再只是提供談話參考，而是寫出具有臨場感、現實感又接地氣的逐字稿，並且幫她處理好讀稿機，自然地完成一場演說。

文稿小組沒有辦公室、沒有部門門牌，我們沒有自己

文稿小組本來是由中央黨部的各個部門中，延攬寫手所組成。沒有選舉的時候，各部門安排的行程由各部門的寫手，自行提供講稿，所以文稿小組沒有辦公室。

不過，總統選舉一到，總統候選人公開講話的層級提升，就亟需另設一專責單位負責。

因此，文稿小組理所當然地「升級」為一專責單位，我們每天做的事情，就是寫稿、寫稿、寫稿。

文稿小組就是蔡英文，我們就是總統候選人的嘴巴。在她站上台開口講話前，她的演說內容，我們都必須守口如瓶。所以，文稿小組跟蔡英文一樣，行事低調。選舉期間，文稿小組沒有部門門牌，不過我們有了一個小辦公室。辦公室如往常一般低調，位處角落、面積狹小。我們編制最多人的時候，曾經八個人擠在一間只有兩坪大的辦公室。

除了寫稿外，文稿小組還需負責讀稿機。我當黨工兩年，一半的時光，幾乎都在「寫稿」與「扛讀稿機」之間、在「辦公室」與「公務車」之間度過。

做這份工作的幕僚沒有自己的人生。我經常早上進辦公室，寫稿到中午，才完成不到一半，就得立刻扛著一台讀稿機，到蔡英文的下一個行程，安排相關的前置作業。甚至，假日也必須隨時處於備戰狀態。假日才是候選人的精華時段，馬不停蹄地進行一個又一個的行程，身為幕僚豈能閒著？

兩場選戰下來，全台灣大概只剩下蘭嶼跟綠島，我沒去過。怪不得有人說：「學社會科學的人，一生中都應該要打過一場選戰，才能真實地感受到台灣草根的狀況。」我與我的電腦，還有一台四十公斤的讀稿機，跟著蔡英文到過台灣的每個角落。

有些地方的支持者很可愛，見到那台讀稿機，放在講台前面的兩片玻璃，都以為是為了保護蔡英文的防彈玻璃。我也就讓他們保持純樸與可愛，笑著回答：「對呀！這兩片玻璃很貴。」

不過，在蔡英文正式演說以前，講稿隨時都有可能更動，因此，我並沒太多機會跟支持者互動。隨身攜帶筆電，也就自然而然成了我的習慣。在高鐵、客運、計程車上，我都曾經上演，接到一通電話，就立刻打開電腦，連上網路開始修改講稿的戲碼。

活動結束後，如果下一個行程不需要用到讀稿機，我就得繼續找個地方寫稿。寫著寫著，經常一起身暫歇就是半夜了。

沒有自己的人生，表現在工作量之外，也跟工作狀態有關。我們必須想像，我就是蔡英文、蔡英文就是我。我們都已經練就一身「蔡式口吻」。她喜歡什麼樣的句子、詞彙？她願意說什麼樣的故事？她能夠接受何種程度的幽默？我們都必須瞭若指掌。

最後，我都有點搞不清楚，到底是她講話越來越像我們，還是我們越來越像她。

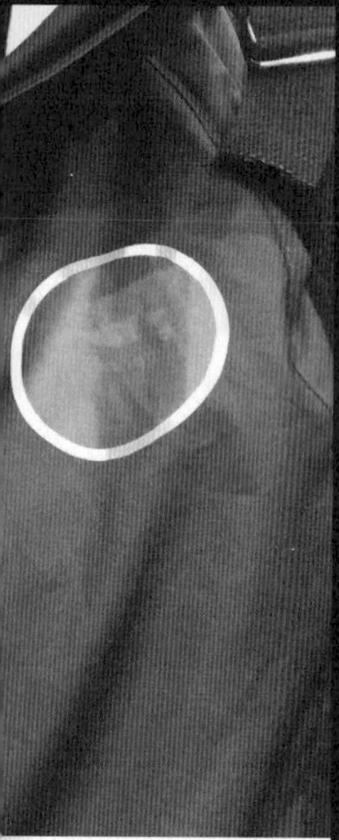

2016總統暨立委大選
開票之夜

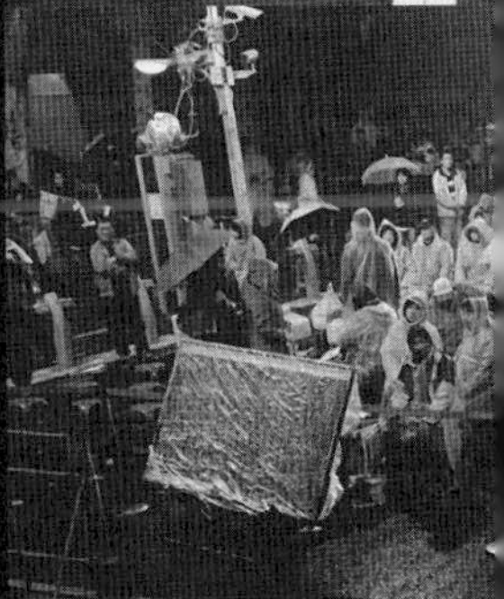

觀察力、敏銳度是文稿寫作的核心

當自己就是蔡英文，是文稿小組的最高境界。但是，要把自己變成她（或把她變成自己）一點都不容易。

我僅是一個初出茅廬的文稿生手，對蔡英文一點也不了解，所以初期我寫得很辛苦。但是，我已經沒有時間好好去了解她，支持者也不會給我多餘的時間去慢慢學習，我必須快速成長，在最快的時間內，寫出講稿，並且必須正中紅心。

我認為最快的方式，並不是坐在辦公室，憑空想像自己是總統候選人的嘴巴，而是先當她的眼睛、鼻子、耳朵。我開始去觀察她跑行程時，跟誰說了什麼話？她跟支持者互動時，有什麼小故事？她跟支持者、各領域的專家學者、其他政治人物講話的方式有什麼不同？這些細節，她自己可能都記不起來，可是卻是我們寫稿的「梗」。

有一次，我與競選團隊，陪同蔡英文走訪桃竹苗台三線。起始點在龍潭聖蹟亭，當客家大老鍾肇政完成短講後，他不畏酷辣的太陽，堅持把自己的帽子，借給蔡英文戴。鍾老的這個小舉動，是他發自內心對蔡英文最真實的關心。

身為幕僚，看在眼裡，滿是感動。感動之餘，卻得立即回到現實，讓自己感同身受地去想，蔡英文接收到那頂帽子時的感受，以及詮釋這個舉動背後代表的意義。在台三線旅程的最後一站，我們在講稿中，加入了鍾肇政與蔡英文互動的故事。遞帽子，不僅是鍾肇政對蔡英文的關心，更是他這個老人家對蔡英文的期許與文化的傳承。

這個經歷，我至今都還印象深刻。故事是真的、感受是真的、客家政策也是真的。一篇好的文稿，不是考驗幕僚的文筆，而是考驗幕僚對於候選人的觀察力、對社會的敏銳度。寫文稿也不是在作文比賽，而是必須真切地回應社會的期待，必須跟這個社會、這塊土地一起呼吸。

文稿是民眾、政治人物與政策間的轉譯者

總統候選人平均一周的行程都是二十個以上。二十個行程，聽起來沒有很多，但文稿小組的每一個人，每週平均負擔的稿件就達二到三篇，選舉後期三個月則為三到四篇。一篇講稿從生成到來回修改後定稿，通常需要兩天以上。

聽起來或許很不可思議，一篇三千字左右的講稿，為什麼需要花兩天以上來完成？

文稿，它最終必須被「說出來」，它的功能是塑造候選人形象、負責選戰的攻防、掌控與發布重大政策、維持選舉的熱度。因此，一篇稿子的產生，並非只是紙上作業，涉及與其他部分的聯繫工作。就拿造勢場合為例。有一次南下雲林，參加雲林的後援會成立大會。活動前，必須向活動部門確認出席來賓、同黨的黨公職、立委候選人，並了解該場活動流程及重點，再向新聞部打聽該周輿情與議題定調。那是一場慷慨激昂，要讓支持者大喊「凍蒜」的場合，但是，蔡英文堅持要在講稿中，放進農業政策。

於是，我們就得向政策部門要了一份農業政策。各位如果看過政策白皮書，或是專家學者獻上的政策建議書，一定會當場昏倒。政策文件的中文，根本不是一般人能夠理解的中文，多半拗口、生澀。

若是撰稿者一字不漏地複製、貼上至講稿中，不必等到被蔡英文退件重寫，我念到舌頭打結就先「砍掉重練」了。

文稿小組的專業是，把艱澀難懂的政策內容、議題，翻譯成市井小民都能夠聽得懂的話。

去雲林、嘉義要講新農業、去新竹要講科技產業政策、去花東要講交通政策、原住民政策。一定要把政策放進講稿，不論台下的支持者會不會睡著，她都堅持要這樣做。奇妙的是，儘管她不是一個激情的政治人物，一個非常不民進黨的主席，照著稿念，她有時候還會吃螺絲，台下的支持者也漸漸地接受：這就是民進黨的主席、台灣未來的總統。因為支持者接受了這樣的主席，所以不管蔡英文講了什麼，他們總是可以在睡著之後，聽到蔡英文問候：「大家說，這樣好不好？」又立刻清醒大喊：「好！」

一個不同時代的來臨

與以往不同，在這場選舉中，很少聽到蔡英文攻擊對手。沒有她的允許，我們絕對不可以罵馬英九、朱立倫、洪秀柱，一切的口水戰，也絕對不可以從她開始發動。每一次都是對手陣營發動攻擊，直到她不得不回應時，她才勉強點頭，開放「射擊」。有時候，我們給她的稿子罵得太激烈，她會畫掉她不想講的句子、改掉她不想講的詞彙，最後就變成一大段像是用橡皮筋射對手的講稿。

不過，我們也漸漸習慣她的龜毛與堅持。這樣的黨主席，暗示了民進黨正在改變跟群眾溝通的方式，群眾也開始不厭其煩地聽一個台語不輪轉的主席，講著枯燥乏味的政策、願景，而且沒有痛罵國民黨。

很多評論者都說，二〇一六年總統大選，是史上最無聊的選舉。我倒認為無聊中，也有亮點。選前，我到高雄的造勢活動，一如往常蹲在路邊改著講稿。突然有人從背後拍了我的背，他是一個老伯伯，手上拿著好幾隻存滿錢的小豬撲滿。他知道我是工作人員後，便與我攀談了幾句，聊些「主席幾點來？」、「你們預計高雄可以拿多少票」之類的話題。在這些話題中，藏著一句：「你知道主席今天要講什麼嗎？該不會又是五大政治改革吧？還是五大創新產業？不要再說那些了啦！要罵國民黨呀！」

支持者還是想要聽到蔡英文站在台上，搭配著「民進黨式」的激昂配樂，痛罵國民黨，但是當他朗朗上口地說出令他厭煩的政策時，我知道時代不一樣了。

勝選當晚的國際記者會，是我最後一次，扛著讀稿機出任務。當蔡英文回答完記者的最後一個問題，起身走向舞台前向支持者發表當選感言時，我看著她的背影，我知道那是一個新時代的來臨，以及一個政黨的轉變。

一個激情與理性可以共存的時代，文稿小組做到了。

陳廷豪

我在黨部的日子

黨部工作要項：

1. 什麼事都要做。
2. 一個人當二個人用。
3. 與夥伴之間彼此扶持。
4. 帶著信念往前衝。

我是在十一月底開始在時代力量的黨部工作。雖然不是從黨部一開始成立就在，但就最後選舉的衝刺期而言，也算是全程都有跟到。以下我就書寫我的經驗，來告訴大家我在黨部的日子，讓大家概略地了解小型政黨的選戰狀況。

麻雀雖小 五臟俱全

時代力量是個剛成立的新生政黨，二〇一六的立委選舉是我們的第一場選戰。

由於剛成立，所以在經費上，相較有領國家政黨補助款的政黨，以及擁有巨額黨產的中國國民黨而言，我們算是相當不足。同時，因為是新生，我們黨部的工作人員也幾乎都是選舉新手，而且是大量的年輕人，全體工作人員的年齡平均僅有三十歲左右。

因為「剛成立」和「新生」這二種特性，使得我們人手並不是很多，也沒有明顯的科層化分工。即便如此，對於一個處於選戰狀態的政黨而言，該有的工作類別，我們也是一樣都沒少，例如行政文書、新聞媒體、網路經營、視覺設計和活動組織等。

在這樣的情況下，我們彼此的工作內容其實是高度的交叉持股、相互幫忙，比方說有人同時做視覺設計，又要處理記帳的工作；有的人一方面要寫新聞稿，又要做臉書的管理與經營等等；也有的人，既是活動組織，也是視覺設計。

也就是說，時代力量的黨部是在資源不夠、人手不足的狀況下，因為有大量年齡相近的年輕人，得以發展出扁平化的組織分工，相互協助、完成工作。

這就是我所謂的「麻雀雖小，五臟俱全」。

我自認為的主要工作：網路經營

我在黨部主要的工作是「網路經營」。

如剛剛所述，我們的資源不足，沒辦法在宣傳上花太多經費，沒能買電視廣告，或是購買大量的看板位置，因此網路便成為我們必需得倚重的宣傳工具。換言之，為了維持曝光度，還有政黨的能見度，我們只能藉由臉書貼文來做宣傳。

我們使用網路的宣傳方式，是用文字和搭配一張精美設計的海報，來吸引網路讀者的目光，以增加轉貼和分享的次數，同時也將我們的政治立場與政見讓大眾知道。另外，也還有許多的宣傳影片，比方說，宣傳造勢晚會的影片、政黨票的影片，以及鼓勵返鄉投票的影片等。

就我工作的部分，主要是隨著時事議題，然後將各候選人提出的政見，還有融合政黨的政策白皮書，或是創黨的方向與原則，轉譯成白話、簡潔的文字，再跟負責設計的同事合作，形成一篇展現議題立場、表達政黨聲明的文宣。

時代力量的成立背景，很大的起因是跟過去八年中國國民黨執政時期內，所發生的社會運動和抗爭事件息息相關。也就是說，我們有相當程度的民意基礎來自於社會運動的參與者，所以我們許多的政見和政策也跟抗爭訴求有關，例如下修公投和選罷法、制訂兩岸監督條例，以及推動轉型正義相關立法等。以及，我們的候選人們，也多是有投身改革運動和高度關心社會議題，因此，我們的政策立場和政黨色彩，算是非常鮮明。

除了上述的工作之外，時代力量在各地的競選黨部，例如高雄、台中和花東，也在十二月時陸續成立，以及在黨部開的記者會，和選前的大型造勢晚會，我也是協助做現場的文字記錄，以便做成記者會的新聞稿，並上傳到臉書宣傳。

白話一點講，就像是一般臉書粉絲頁的阿編仔。只不過，政治工作的阿編仔，在口吻上就必須正經一點，但又要帶有人性化。畢竟政黨的組成就是來自於人民的期望、信念，所以在用字遣詞上必須要更為親民，才能有好的傳達效果。

實際上花最多時間的工作：整理文宣、發ＤＭ

現在事後回想起來，在黨部工作的日子裡，雖然我會自認主要負責的工作是文字，不過坦白說，花上最多時間的事情，我覺得是在整理ＤＭ、發文宣，還有搬一箱又一箱的面紙文宣。

我相信，在街頭、夜市和各大車站周邊，向不特定的路人鞠躬彎腰，小心翼翼地發放手中那份文宣，一定是所有小黨的黨工們的集體記憶。

即使至今離選戰已超過半年，但想起當時的情境，那種酸甜苦辣的回憶，還是能立即湧上心頭。舉例來說，有時候我們在炎熱又酷辣的大太陽下，揮汗如雨地在菜市場向路上行人發送文宣；也有是在一大早的上班時間，被匆匆趕路的行人拒絕，心酸地連續站半小時，卻一份文宣都沒發出去；當然，也會遇到熱情的支持者，不僅開心地向我們打招呼，還主動表示可以協助幫我們發文宣，使我們倍感溫馨。

另外，對於具有改革理想的小黨而言，我們的文宣字數通常都很多。因為在製作文宣的時候，都會認為一定要好好地把政策講清楚、一條一條地列在上面，以至文宣ＤＭ常常會變得很厚，讓路人攜帶不便，多少會降低索取的意願。但我們都還會自我安慰地想，我們文宣所承載的價值和理想是厚重且遠大的，然後繼續找下一個有緣人。

不然就是想要在文宣上放的字數太多，所以字很小，到最後只好把候選人的頭像縮小，或是把政黨號碼與名稱變小。導致即便有選民認真地看完，被帶理想價值的文字給說服了，想要投給你一票，從家裡走到投票所，又會忘了是要投給誰。

又或者是，因為我們是個沒有龐大資源的政黨，在花費上相當節省。所以，當我們在定點發完文宣後，於回程的途中，若看到路邊的地上有被路人丟棄的、完整無缺的文宣，都會心有所不捨地，走過去把它撿起來，然後把文宣身上的灰塵仔細地拍去，再好好地收在背包裡面，以便下次再拿來使用。我印象最深刻的二次發文宣活動，一次是在跨年的時候，另一次是在選舉前一天。

老實說，從小到大，我並不是一個會去參加跨年活動的人，總覺得人擠人的，且又是個吵雜混亂的環境，令我感到不舒服。但自從參與選戰之後，越是人多的地方，越是值得去，因為可以在短時間內接觸到大量的人。

所以，在二〇一五的跨年晚上，黨部的全體工作人員，還有一些志工朋友，我們全員出動前往全台北市人最多的１０１發文宣、舉標語，高聲喊口號「請支持時代力量」。我們從晚上八點喊到凌晨零點，在忠孝東路上來回走了不止九遍，最後在街頭上跟著大家倒數，看著燦爛奪目的煙火，許下「時

時代力量
NEW POWER PARTY
又冷又髒！
全台 PM2.5 指數紫爆
時代力量主張：
「空污防治不能淪為口號
建立空污管理法制化！」

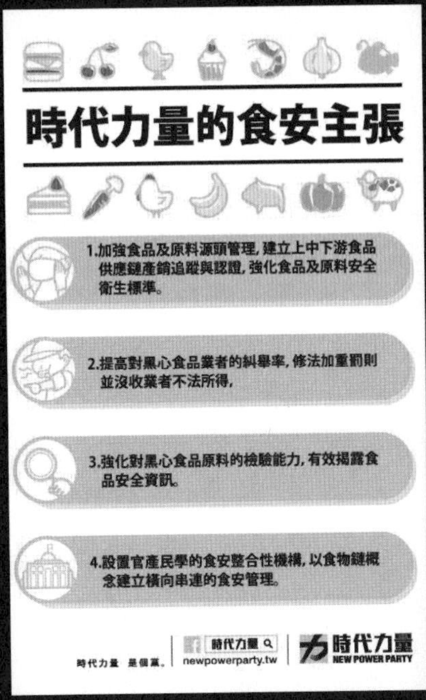
時代力量的食安主張
1.加強食品及原料源頭管理，建立上中下游食品供應鏈產銷追蹤與認證，強化食品及原料安全衛生標準。
2.提高對黑心食品業者的糾舉率，修法加重罰則並沒收業者不法所得，
3.強化對黑心食品原料的檢驗能力，有效揭露食品安全資訊。
4.設置官產民學的食安整合性機構，以食物鏈概念建立橫向串連的食安管理。
時代力量 是個黨。
時代力量
newpowerparty.tw
時代力量
NEW POWER PARTY

邁向教育公共化
建構資源公平分配
肩負社會責任的高等教育！
時代力量
NEW POWER PARTY

時代力量
NEW POWER PARTY
轉型正義：
台灣在追求民主深化、邁向新生國家的必經之路

代力量六席全上」的心願。

另一次是我們在投票的前一天。那次也是全部黨部的工作人員和志工朋友，我們選擇在台北車站的四個出口，和新光三越百貨前廣場，向每一位行人與搭車返鄉投票的人潮發送文宣。因為我們的目標是返鄉的人潮，所以我們從下午五點就開始行動，一連五個小時，沒有間斷地把握最後一刻的宣傳機會，一直到最後的競選時間，晚上十點。

最後，停止競選活動的時間到時，有類似警察或是車站管理員的人，從車站裡走出來，試圖要制止我們。「不好意思，時間到了，不能再發了喔。」

接著，他看到我們手上的文宣，又說：「所以，請把你手上那份的文宣給我，我要收起來帶回去，免得你會觸法。」我們原本想要如往常地大聲說：「謝謝支持時代力量。」

這次只能充滿感激地改口，謝謝支持！

什麼都要做 相互扶持 帶著信念向前進

就如同我一開始所講，整體來說，由於人手不足，所以我們在黨部的工作，彼此是高度的交叉持股，相互幫忙。換句話說，就是什麼雜事都要做。

不只是發文宣這樣的事情，偶爾會有來自國外的選舉觀察團參訪，或是開記者會前，我也會協助操作投影機、做場地的布置和整理；或者，會協助製作遊行的道具；又或者是，偶爾也需要接選民的電話，雖然有的是來自支持者的加油打氣，不過，更多的是聽抱怨和陳請，但因為我們並沒有政治席次，所以許多的陳請，也是愛莫能助。

老實說，選戰並不是一份輕鬆的工作，且工作量真的相當地大，有時候充滿著無力感，也有的時候會覺得為什麼要這樣受苦？甚至偶爾會自我懷疑，這樣做真的有效嗎？各候選人和大家拚成這樣，民調真的準嗎？又，最後真的會上嗎？

在面對以上這些問題時，我都會想起參與社會運動的情況，那種與政府和財團對抗的過程，我覺得，其實某些處境是相當類似的，例如服貿真的擋得下來嗎？為什麼要這樣露宿街頭，受寒受苦？罷工真的會成功嗎？每當想起這樣問題，難免會感到絕望和不知所措。

回顧起投身社會運動的經歷，其實就結果而言，並非總是令人滿意，甚至多是失敗收場，使人失意徬徨。但我覺得，我們卻仍未曾停止希望，能夠撐到最後，其最主要的原因，就是我們相信所堅持的理想與信念，以及有來自夥伴之間的彼此扶持。

因此，相較起來，選戰某種程度而言，也是跟參加社會運動一樣。我們是在許多充滿不確定的情況下，有著夥伴之間相互幫忙，更有許多來自支持者的熱情鼓勵，還有，最重要的是，我們是帶著理想和信念投入選戰。

我們相信，政治工作是可以讓台灣的未來變得更美好。我們也希望，真的能為台灣，打造下一個世代的幸福生活，實踐公平正義。

陳為廷　政治，不是總得妥協

總幹事工作要項：

1. 理論上，主要是擬定戰略、團隊分工、負責內外協調，然後督促團隊去執行。
2. 但事實上，也常自己寫新聞稿、寫投書、當臉書小編。
3. 也要出去拜訪鄰里長、可能合作的戰友。
4. 也要化為候選人的分身，出去站路口、掃街、拜票。
5. 也要去跟黨中央，或別的黨協商，在適當的時候拍桌。
6. 在團隊內部、或是團隊整體對黨中央不爽的時候，必須幫候選人扛，學會吞忍、以及安撫的藝術（但其實我沒學會）。
7. 好吧，算了。你還是去看吳錚寫的好了。

0.

投入那場選戰，如今回想起來，有些偶然，也有必然。

那是二〇一五年的五月，距離自己退選，將近半年。邱顯智也已經宣布參選三個多月，靠著三個正職助理，跑著日常的掃街和拜訪行程，還是覺得徬徨。

他常來學校找我，要我加入團隊。但那時，我已經決定回到學校，修補我荒廢的課業。我想，運動、政治告一個段落了，該是時候回來與理論對話，做一些經驗的梳理吧。

「但那不急啦！」日頭正要落山了。對坐在清大制高點的人社院吸菸區，俯瞰遠方的新竹市景，邱顯智說：「研究所可以讀很久。你看林飛帆跟魏揚，他們不是到現在論文還不知道在哪？何況你才碩一！」

他出這招，我真是不知如何反駁。

「話毋係安呢講……」

「沒係欲安怎講？」他把菸蒂丟到菸灰缸，放了大絕：「我毋管啦。你袂當安呢，放我一個人！」。

我就笑了。

「袂當放我一個人」這句話，在我們過去這幾年的孽緣當中，有多層的含意。

首先是，自從二〇一三年劉政鴻拆張藥房隔天，我們到劉政鴻家潑漆被扭送警局後，這幾年來，每次被抓到警局或地檢署，打給邱顯智求救，他就是這麼說的，「你放心，我隨到。我袂放你一個人」。

二〇一四年地方大選後，某場演講的空檔，我勸他出來參選。

那時大家想的都是一樣。民進黨眼看二〇一六真要執政，這個時刻，就該搞個真的「第三勢力」組黨參選。但找人總是困難。邱顯智說，像他、像曾威凱，都是還有家庭要顧的人。要他選不是不行，但像我們這種更有條件的人，也應該一起下來。

兩個禮拜後，我宣布參與苗栗的補選。一方面也是覺得總有人得選。若我們這種累積了光環、又相對沒有家累的人都不選，那怎樣去勸進別人？另一方面，我找來了所有我們這個世代，在柯P、在林佳龍、在民進黨或綠黨內工作過的運動戰友。我們在318，尤其是324之後，因為各種原因形同陌路，眼看就要走散了，那時我想，也許趁著這次，可以再串起大家。贏了，我們就搞自己的。不用總是跟著那些什麼流、什麼派、什麼系，什麼老師或教授，仰著「大人們」的鼻息做事。

不過，後來大家也知道，十七天後，還沒開始，我就先把自己給搞砸了。

沒多久，邱顯智參選了。嚴格說來，他跳這坑，也是我推了一把。但掛念著接下來那個月，自己還要繳交一連串期末報告，也猶豫我這樣一個人，對他究竟是加分還是扣分，我始終沒有答應邀約。

直到後來一個周末。

我在一個電影院的轉角，巧遇邱顯智和兩個助理拿著手舉板，對著來往的人車宣講。我也就順勢拿起麥克風，為他宣講起來。

「各位新竹市民，我是陳為廷。旁邊這位，是我的義務律師邱顯智。他是關廠工人案、洪仲丘案、太陽花學運的義務律師，現在要代表時代力量，參選新竹市的立委……」周日午後，看完電影的人群稍稍聚攏過來了，我繼續說著：「他就和各位一樣，是一個新竹市的小市民，養著兩個女兒、背著高額的房貸……」

「沒有啦……我沒房貸。」邱顯智突然打斷我，笑著說。

「啥米？原來你這好野喔？」我一驚。

「沒有啦……」邱顯智尷尬地笑說，「我頭期款納不出來，房子都用租的……」

「蛤？為什麼？」我問。

邱顯智說：「就係攏咧作一些無錢的案件，攏沒賺到錢……」

講完，人群看著我，爆出一陣笑聲。潛台詞是，「啊還不都你害的」。

我尷尬笑了起來。腦中閃過這些年，那些「我袂放你一個人」的畫面。

隔天，我走入競選辦公室參與會議。一個月後，我正式出任總幹事。

1.

說是當總幹事，但也不清楚，到底得做些什麼。

團隊最初的組成，包括魏揚和賴郁棻，他們是邱顯智的當事人；有幾位是我過去「島國前進」的戰友，她們負責設計網宣、管理行政庶務；也有清大、交大、中原，一些過去參與學運的學生；再加上邱顯智最早拜會、邀請加入團隊的劉俊秀教授、鍾淑姬大姊、和黃彥儒（他們分別選過市長、和市議員），約十人。此外，邱顯智「戰鬥法律人」的律師戰友，每周輪流來提供免費的法律諮詢；選戰中後期，還加入約二十至三十名穩定的志工，組成「士農工商後援會」。這當中絕大多數人，都沒有選戰經驗。

而且，我們也沒什麼錢。

選一個立委，到底要花多少錢？

那時候，我才第一次點開監察院的政治獻金報告。發現前一年的市長選舉，國民黨花了三千四百萬，民進黨二千四百萬，其中80％以上來自企業和黨產。而我們的「第一桶金」，只有五十萬。（到了選戰最終，共募得約九四七萬。其中80％以上，仰賴市民的小額捐款。與國、民兩黨形成極大的對比。）共體時艱，大家都領著微薄的薪水。我第一個月的薪水，是一萬二千五百元，後期才加薪，變成二萬五千元。

這樣，到底要怎麼選？

困惑當中，我去找董昱。董昱在清大社會所大我一屆，社運青年，但在前一年的選戰中，成為民進黨候選人林智堅的幕僚，和另一位年輕人包辦整場選戰的文宣和政策。新竹市長期藍大於綠，幾近六四比，但林智堅竟以一千票險勝國民黨。董昱告訴我：「選戰就是賣商品。找出一、兩個基本的訴求，千萬不要多。拿來包裝候選人的形象，然後整場打到底。」像是林智堅，只大邱顯智一歲，奶油帥哥。看準新竹市是全國生育率最高的城市，主要客群就是那些跟著竹科遷進新竹市的年輕爸媽，他們於是主打托育和親子，舉辦一系列親子活動，大街小巷掛滿帥爸爸的看板。

邱顯智呢，我們可以主打什麼？

他是一個人權律師，德國海德堡大學法學博士候選人。二〇一〇年回台灣，就一頭栽進鄭性澤案、關廠工人案、洪仲丘案、太陽花學運等案的義務辯護，最後搞到自己沒什麼錢，跟所有年輕爸媽一樣，買不起房子、快養不起小孩。

但社運經驗似乎不足以吸引多數的中產階級；學林智堅的帥爸爸親子路線或許可行，但他沒那麼帥，而且胖很多，也不能只打這個。

「但我想，還是要打黨團協商。」我說。

「你瘋了嗎？」董昱回答。

「不是啊，這畢竟是立委的選戰，不像市長只顧市政。必須要有一些國政的議題……」我說，「而且，這畢竟是一場第三勢力的選戰。就好像蔡仁堅，你必須要有一些『為什麼是你，而不是老柯來選？』的理由。」

蔡仁堅是新竹市的前市長，一九九七年那場選戰，他代表民進黨首次擊敗國民黨。二〇一四年，他喊出「公民出陣」的口號，獨立參選。整場選戰，除了打國民黨，也猛轟民進黨和建商糾葛不清。最後，雖然敗選，卻得到了20％、近四萬多的選票，跌破眾人眼鏡。是全台灣所有「三角堵」的獨立參選人中，得票最高的，而且選票集中在竹科周遭的新興社區，儼然在318地震後，形成一個新的「第三勢力基本盤」雛形。

究竟這個基本盤，是暫時的選票轉移，還是真正的政治板塊移動？還得等這次大選才能確認。而這次選戰，民進黨最終推出立院黨團總召柯建銘來參選，國民黨則由市議員鄭正鈐出馬。

「黨團協商太複雜了。」董昱接著說。「一般民眾根本搞不懂，也可能無感。再說，你看了何佩珊的文章沒有？你們有信心講得過何佩珊嗎？」

老實說，不是很有信心。

那時，時代力量就已經以黨的立場對國會改革、黨團協商提出訴求，二十年來一路跟著老柯的助理何佩珊，也投書蘋果回應。

過去的運動中，曾和佩珊姐有些互動，對於他們的工作，我確實懷抱敬意。但即使如此，我們仍能抓出他們論述的破綻。強是一回事，但我們還是能讀出，什麼是政治信仰、什麼又是政治修辭。

「沒有關係。反正就試試看。」最後，我對董昱說。

「好吧……加油啦。」說完，他就轉身回去餐廳。

那是學期末的聚餐，同學們剛交完期末報告，和教授們討論即將來臨的暑期中國田野。而我已經一個月沒去上課。

在餐廳外望了一陣。熄掉手上的菸，返回辦公室，準備晚上的選戰會議。

2.

時序進入六月。

除了日常的掃街、逐一拜訪一二二位里長，我們花更多時間讀論文、做訪談、整理討論、查找國外的協商規範。魏揚和他同學何孟樺把整個「黨團協商」的政策研究，搞得像在寫研究計畫。（感人的是，他們都要碩四了，自己的研究計畫都還遙遙無期。）不只黨團協商，其他議題，包括托育、住宅、新竹市土地徵收、竹科勞動權益，大家也分工處理細節。

回想起來很蠢，人力投入根本不符成本效益，但當時，你也少有選擇。雖然黨中央有綱要式的政見，但要進入日常筆戰、應對媒體追訪、排妥選戰節奏，團隊還是必須完整掌握議題。甚至透過訪談，進一步拉攏戰友，組織空戰部隊。這些在兩大黨都有既成的資料，一般藍綠對決的選戰，甚至很少聚焦政策爭辯。而我們只能土法煉鋼。

在一場黨中央的政策發表會上，我們正式提出「告別王柯體制」的選戰訴求。

接著一個月，空戰激烈往返。何佩珊和老柯本人，接連丟了三篇投書回應我們的訴求，我們也相應回擊。一時間，全國媒體聚焦新竹，邱顯智知名度暴增。

魏揚和我都感到亢奮。

在一個熬夜寫稿回擊的晚上，他問我：「你有沒有覺得，這有點像我們大一大二，在實齋寫稿的時候？」

那時我們剛在學校創立「基進筆記」，也曾這樣挑燈接力寫著發刊宣言，或對坐交誼廳，回應學校B板上同學對我們行動的質疑。

後來，發生許多事，包括324後彼此的不解和猜疑，我們已經許久未曾一起做些什麼。

如今回想起來，那也是整場選戰中難得的暢快時光。至少，我們對自己寫下的東西感到自信，毫不心虛。

老柯和何佩珊固然很強。但仔細分析，他們的文章，也不過是照抄自己四年前一場國會改革辯論的論點；而在當時，另一派民進黨立委組成「國會改革陣線」，提出《國會改革白皮書》，即使後來人人都說「黨團協商」保障小黨，但二〇一一年，民進黨的席次其實少到可憐，包括吳秉叡、段宜康、鄭麗君、姚文智、羅致政、何博文、林淑芬、林濁水、高志鵬等參選人，還是提出了「廢除黨團協商」的訴求。

我們沒有怯懦的理由。儘管在當時，我們並不知道，那些我們尊敬的民進黨委員，除了林濁水和林淑芬，在後來的選戰中，也將默不作聲，甚或反倒攻擊起我們的訴求。

論戰進行的同時，團隊內部也有著激烈的爭論。

劉俊秀老師曾代表民進黨參選新竹市長，雖然敗選，但仍拿下了民進黨史上最高的得票率。在討論

海報文宣時，他建議我們把小英印在文宣上，口號就喊「總統蔡英文，立委邱顯智」，以爭取竹市泛綠選民的認同。

這聽來有點滑稽，但當時確實存在空間。經過一番混戰，內部民調出爐。老柯的知名度和我們天差地別，但他的支持度卻相當低。數字顯示，選民確實傾向民進黨，卻不願買老柯的帳。加上選戰初期，民進黨力挺老柯的態勢仍不明朗。要他們力挺我們或許很難，但我們是不是因此有機會爭取「泛綠」代表權，以逼退老柯也未可知。

但我們還是很難跨過心裡的關卡。

團隊這些社運青年投入選戰，想的就是投身一場「第三勢力」的政治運動。即使時代力量黨中央與民進黨的合作愈趨密切，但我們想，至少在新竹地方上，實踐一條自己的路線吧。或許也可讓黨中央往中間靠攏一點。

如果現在不由分說就拉攏民進黨，那我們參與的意義又是什麼？

更何況，支持者也不見得買帳。比方說，到了選戰中後期，我們終於尋求蔡仁堅的合作。他就告訴我們，他對時代力量並不信任，一直在觀望邱顯智的態度，隨時做好準備，若邱顯智棄守路線甚至退選，不排除親自上陣參選。

那晚在辦公室，一陣激烈的爭辯。最後，我把手中的飲料罐用力甩進垃圾桶，對劉老師說：「不可能那樣做。選戰這樣打，那還有什麼意義？」

劉老師倒是平靜下來，深呼吸之後，緩緩地說：「好吧，那就是我們對選戰的想像不同。你們打的已經不是時代力量的選戰，而是綠社盟的選戰了。」

聽完，大家默不作聲，心情複雜。劉老師和淑姬姐，在選戰初期給了我們許多協助。但走到這裡，終究還是遇到彼此的分歧。不過，劉老師可能想不到，選到最後，魏揚還真的寫了一篇長文，說他雖作為邱顯智的幕僚，但政黨票會投綠社盟；更想不到的是，社民黨的候選人後來反倒是和蔡英文做起便當，出席老柯的新書發表會了。

什麼叫「時代力量的選戰」？什麼是「綠社盟的選戰」？我們，又是哪一種？「第三勢力」說來簡單，到那時候，事情也就難說了起來。

不久，劉老師和淑姬姐在工作社團中貼文，宣告退出團隊。

3.

接著，最艱困的，仍是選戰的日常。

國、民兩黨的資源都是我們的數倍，不論活動、組織、文宣、媒體，我們都被壓制。

做一個候選人，首要任務，就是提高知名度。回到地方，儘管你是人權律師，你的團隊有學運明星。一切還是得從零開始。我們掛看板、撒文宣，但兩大黨撒得數倍於我們；我們爭取媒體曝光，但當你沒有錢去下「業配」，電子媒體根本懶得做你的新聞。過去我們常接到談話節目的邀請，還得煩惱怎麼婉拒，如今，候選人上節目的公訂價，據說是一集三萬。我們付不起。若非主持人願意讓你發聲，根本排不上去，即使千拜託萬拜託，終於排上了，主持人還得承受極大壓力。有一次剛下節目，主持人電話就響起，他無奈把螢幕晃到我眼前，來電顯示：柯建銘。

我們也拜會里長、舉辦活動，但沒能提供綁樁「炒米粉」的經費、沒有權力掌握市政府的經費分配，里長即便支持理念，也會忌憚，難為你動員。

不對稱的選戰中，我們有時回到社運的本業，靠議題突圍。但那當中，我們有時也懷疑自己，是不是逐漸成為過去那種，自己討厭的人。

好比死刑。五月發生女童割喉案。邱顯智曾任廢死聯盟的常務理事，第一時間，同為廢死陣營的阿苗已經站出來抵擋砲火。我們又怎能龜縮不發聲？

但這時遲疑的，反而是律師戰友們。主要是為了保護。畢竟這些律師，比起團隊任何人，都受過更多「反廢死」的傷，甚至有形無形的威脅。邱顯智前陣子才在臉書上發過和自己兩個女兒的合照。而選戰癲狂。這時發聲，政治上的「損傷」也就算了，又有誰來保證兩個幼女的安全？天人交戰下，我們最終仍從邱顯智援救冤案的經驗出發，發文表態。發文前，撤下所有他和女兒的合照。但時間，已經晚了兩天。

好比反課綱。高中生衝入教育部的那一刻，我們剛在新竹結束一個訪談，接到訊息，隨即驅車北上。車上，我反覆想著：我們現在去，到底又是為了什麼？現場學生中，確實也有邱顯智的當事人，去到現場，或許可以提供必要的協助，但我們這些幕僚，不就是想在現場拍張照片，以證明「他也在場」嗎？「協助」、和「作秀」的界線，該畫在哪裡？假如學生占領成功，我們真有可能像過去那樣，放下選戰，長期在場聲援嗎？

又好比土地徵收。過去，我們可能得花上半年訪調、半年協助組織，再半年推動抗爭；如今，兩個月之內，我們就面對好幾起土徵案件的陳情。老柯在文宣中提到的許多「重要建設」，都涉及徵收原住戶的土地，牽涉上百居民。我們或也協助召開了記者會，或也進到市府會議和官員對陣，但我們真有辦法耗費選戰的人力，做更深入的組織工作嗎？如果不能，那你到底是在消費，還是真想為居民做些什麼？

不過，選戰也沒什麼時間給你自我質疑。除此之外，仍是瘋狂地掃街拜票。從早上開始，六點到殯儀館，七點站路口，八點半菜市場，之後再一個市場；接著下午的拜會行程，下班時間站路口，晚上的夜市、街道。從早到晚，無窮無盡。

空戰被壓制，至少陸戰，你必須設法讓絕大多數的新竹市人，都見過你一面，親手把文宣塞到他手上。但其實，邱顯智直到最後，都還是不習慣上街和人握手。我們好幾次教他，握手的時候，要看著人家的眼睛，堅定地握手，但他還是學不會。他說：「我不慣習這樣，好像很麻煩別人……」

就好像，每一次活動需要動員，我們把過去他協助過的當事人名單列出來，請他親自打電話，邀請大家出席；或請一些過去並肩作戰的律師前輩們來吧，但他總遲遲未打。講起那些大律師，他常常推說：「這樣不太好吧……他們跟老柯也很熟，會不會讓他們為難……」屢屢讓人暈倒。

他說他最喜歡的行程，還是每天早上去殯儀館。其他政治人物去殯儀館往往虛應故事地上炷香，握個手，他卻喜歡到每個小靈堂跟家屬聊天。因為刑案律師的經驗，他可以一一跟家屬解說怎樣解剖、調查、保存證據……只有那個時候，他才感到自己並不麻煩別人。

直到有一次，為了助選往返台北新竹，累積了一整疊高鐵票的律師戰友孟秀喝斥他：「不要覺得不好意思！我們來幫忙，不是幫你而已，是為了我們共同想達成的事情！你完全不欠我什麼！如果你在那覺得不好意思、以為我會計較，而不來找我，我反而才生氣！想說，你是不是玩假的！」他才當頭棒喝，看來有點感動。

但即使如此，還是很難。

在一個競選經費眼看又要見底的月底，一個據說他過去辯護過最富有的客戶要來拜訪。「不要擔心，我待會一定跟他開口，請他幫忙。我會跟他要，這樣！」他比了一個五。「五十萬，對他來說，根本小 case 而已。」

客人來了，他興匆匆上樓。辦公室屏息，滿心期待。一個小時後，他送客下樓。走回辦公室，他說：「沒問題，都搞定了，他說他會捐。」

捐多少？大家問。

他又比出一個五。「五萬！」自己笑了起來。

我只好打開記帳軟體，算算下個月得要少抽幾包菸，才可能順利過到月底。

話雖如此，大家都還是來了。

尤其是老毛（註：桃園縣產業總工會前理事長毛振飛。為工人奮鬥十七年，並曾因此數度入獄）。我們曾經貼過一張照片，是關廠工人案終於勝訴那天，邱顯智抱著老毛哭。哭得很醜。

很少人能夠想像，身為一個律師，在運動中的壓力有多大。

後來在新竹火車站一帶宣講的時候，他常常指著後面的星巴克說，關廠案的律團，就是在那開始的。那個下午，他看到苦勞網刊登的徵律師訊息，就約了桃產總的王浩到那開會，看完資料相當興奮，一口咬定就是公法案件。他問王浩，其他還有多少律師？王浩說，沒有，就你一個。他才開始找來一個個律師，組成後來的律團。當時，他們都還是初出茅廬、名不見經傳的小律師，過程中，也曾有資深的律師團要來協助，認為邱顯智的作法不會成功，主張認定那就是民事契約，雖然可能打折，但保證可以要回一定的金額。

「雖然沒有信心會贏，但我們還是婉拒了這些資深律師的好意，選擇相信這些跟我們一直站在一起的年輕律師。他們的壓力很大。但結果就像大家看到的那樣。我們贏了！」競選辦公室成立大會的舞台上，老毛說。「這也是為什麼，在這次選戰中，全台灣的第三勢力候選人裡面，全國關廠工人連線只決議支持邱顯智。我們相信，如果連全關那麼困難的案子都能打贏，那選舉這種小事，哪有什麼困難！對不對!?」

台下爆出掌聲。

呼應老毛，舉起拳頭回喊「對」的人群當中，還有從各地趕來的，邱顯智過去援救的后豐大橋案的家屬、鄭性澤的家人、五六十名關廠工人、華隆自救會的阿姨、彭秀春大姊，和自行前來的新竹在地支持者。

總計兩百多人的場子，人不算多。

但聽著老毛的話和台下的呼喊，那一刻，我真的想：對啊，會贏的。比起過去大家經歷的那些，選戰的苦，又算得了什麼呢？

4.

不過，選戰還是很苦。

整場黨團協商的論戰，在團隊成員受訪時講出「太陽花學運不欠柯建銘恩情」這個回應後，劇情急轉直下。

制度的論辯，被一場「人情義理」的混戰給掩蓋。雖然至今我仍舊認為，那句話根本沒錯。政治本無恩情可言。老實說，如果民進黨是個稱職的在野黨，那也輪不到太陽花佔領國會。有人說，在野黨就那幾席，你還要他怎樣？但別忘了，二〇〇八年陳雲林來台時，民進黨是曾帶著一場街頭運動奮力抵抗的。如果沒有那場抗爭，就不會有野草莓學運。然而，這八年，民進黨卻退回一個保守的

成敗在此一役
邱顯智選前之夜大遊行
1/15(五)
18:00-19:00 集合:孔廟廣場
21:00-22:00 終點:站前廣場
10
邱顯智 為人民辯護
時代力量
NEW POWER PARTY

邱顯智 律師後援會招募中

照片來源：取自邱顯智粉絲專頁

位置。不論土徵、軍冤、媒體壟斷，乃至兩岸經貿等議題上，永遠等到群眾抗爭過後，才敢跟進表態。一個在野黨能做的事，顯然應該更多。

這些都略去不論，僅憑著「喬」就要來討恩情，那未免，也把政治看得太輕了吧。不過，這些話在選戰當下，也一時難以說清。

新竹這區，頓時成為整個民進黨對時代力量開幹的箭靶。「整合」、「退選」的壓力，也隨著登記日的逼近逐漸升高。

選戰中後段，時代力量的政黨票得票逐步威脅到民進黨，整個黨也就配合著老柯的定調，把「整合破局」的責任拋在我們身上。所有民進黨明星巡迴全台演講，都一定要提醒選民——邱顯智有多麼「背骨」。

這樣的壓力，也反映在時代力量的其他選區。各地助選的民進黨基層反應激烈，直指新竹再搞不定，他們將收回支持。網路上，則瀰漫著「邱顯智拖累時代力量」、「邱顯智再這樣搞，政黨票就不投時代力量了」的聲音。

我每周固定和邱顯智到黨中央開會。Freddy、國昌和黨部的工作人員，有時也告訴我們，最近選區內又接到多少電話抱怨，並且出示當時政黨票的民調數字，確實有些起伏，只是同時發生的事件很多，也很難測知究竟我們的影響有多大。

「不管怎樣，如果團隊決定繼續選下去，那沒什麼好說的，我們一定支持。」在會議上，國昌說，「但我還是建議你們，就公開跟他喊民調整合！我跟你賭，老柯一定不敢答應的，但這樣，壓力就可以轉到他身上。」

面對媒體輪番質問，國昌也曾在記者會上一再表示，當時和民進黨談選區，就是一區一區談，這是一個第三勢力的政黨，本來就是既合作又競爭的關係。

話雖如此，但「人情義理」的輿論，還是壓倒一切。

登記前夕，馮光遠、柯劭臻相繼退選。「三角堵」的選區只剩新竹。

團隊在一個漫長痛苦的晚上，討論最後的決定。我們是要不喊整合選到底，或是主動要求整合？或者，就算了，乾脆爭取納入不分區提名？

團隊內大部分人都不信任民調機制，堅持選到底。雖然就民調來看，在一對一的狀況下，我們和老柯都能擊敗國民黨候選人，差距很小。但民調公司人員也曾告訴我們，別傻了，民調整合一定輸的。他看過太多黨內初選，有實力動員組織、坐等民調電話的候選人，往往能影響民調結果。

但也有邱顯智的律師戰友，建議爭取進入不分區名單。

「這是邱顯智的選舉，也是他的人生。」他說。「如果最後國民黨當選了，我們第三名，他日後要怎麼走政治路？」

「政治路什麼的我是沒在在意，本來也不是吃這行飯……」邱顯智說，「但我是怕，我們這樣下去，是不是讓其他候選人很難做。」

他也許掛念著洪姐。當初，是他親自說服洪姐全家，和他一起參選的；國昌仍在猶疑之際，邱顯智曾少見地對他拍桌怒罵：「如果你不下來，我和慈庯也不選了！」如果因為我們，讓他們落選、甚至政黨票也化為烏有，該怎麼辦？這或許才是他最在意的事情。

但選到現在，還在這樣「為他人著想」，也讓我不耐。我只回了一句：「你要嘛對不起他們，要嘛就是對不起我們，和那些跟你走到今天的志工。」

邱顯智陷入長考，最後定調：「好吧，那我們就還是要求整合，但比照『柯Ｐ模式』，民調之前，上政論節目去跟他辯論三場。」

登記前一個月，我們正式喊出整合方案。後來那段等待老柯回應的時間，是整場選戰中，最痛苦的時刻。

黨中央和民進黨的協商仍持續進行，老柯那邊也遲遲未能做出決定。儘管民調整合對他有利，但辯論仍有變數，他也沒有把握。

直到登記前一周，老柯正式對外宣布，「整合不過是邱顯智炒作知名度的伎倆。這個問題，就到此為止」。

看到那個新聞，邱顯智吶喊：「好，那就沒什麼好說，選到底了！衝吧！」

我們正式登記。選戰邁入最後衝刺。

5.

不過最後兩個月，根據民調結果，老柯第一、國民黨第二、我們第三，這個態勢，或也難再翻轉。在過去社運的戰場，我們或許會選擇拉高衝突。衝突不保證讓你贏，但，反正你也退無可退了。換到選戰，卻很難這麼做。對黨內其他選區和政黨票的影響，最終仍造就了我們的自我審查。

我們仍然對國民黨，尤其是王如玄過去對關廠工人的打壓，和軍宅案的處理，有猛烈的攻擊。但對老柯，卻幾近熄火。

後來許多人說，時代力量在選戰的最後階段，「放生」了邱顯智。那也不是事實，黨內候選人直到最後仍願意放下自己的選區，輪流到新竹輔選。也曾召開記者會，同聲批判民進黨對黨團協商制度的立場。

但若說在外界攻擊「邱顯智拖累了時代力量」時，黨都能同聲辯護。那倒也沒有。選戰最後時刻，差距只剩一些，各區候選人和民進黨更緊密地結合。

有人說，時代力量始終就是一個投機的政黨，我並不那麼想。畢竟，在選戰之初，候選人一字排開，至少有三個選區是擺出和民進黨對壘的態勢。後期的退卻，與其說投機，我更覺得是一種路線的徬徨。

我們或曾以為「既合作又競爭」、「在新竹做黨中央的側翼」，是可行的路線。但事實證明，這比純鬥爭、或純合作，都要來得困難太多。做一個「側翼」，始終有其極限。選戰倒數第二個周末。我們舉辦了最終、也最大的一場造勢音樂晚會。在那之前，我們邀請過去在社運場合也曾並肩作戰的樂團或講者，但有些婉拒、有些就直說：「對不起，但我們有承諾過對方不能去幫你們，這次，可能就無法幫忙了。」在這種複雜的心情中。黨內各區候選人還是齊聚新竹，呼告最終的支持。

大正倒是很阿莎力地來了。

二千多人的場，人數雖不及老柯的組織動員、或國民黨的「千桌萬人宴」造勢場、甚或 Freddy 在台北造勢演唱晚會的零頭，但也出乎預期，塞爆站前廣場的場地。

大正在演唱當中，講起自己最近也有些低潮。我想起邀約期間，他也說過他最近有點混亂，過兩天，可能會有一條很大條的新聞，我還安慰他：「再怎樣大條，也沒我大條吧。安啦。」他笑說：「靠北，沒有啦。我這是好事。」

演唱最終，他說想唱這首很久沒唱的舊歌，送給自己、也送給邱顯智。這首歌，叫做〈人生〉：

但是我們知道路要自己走 無論這條路上甘有人作伴
但是我們知道夢要自己打拚 無論這條路上係坎坷亦係孤單

人生這齣電影 就算擱再甘苦也要繼續搬
用我們的腳步 走出屬於我們自己的路
不管別人怎麼說 怎麼看
人生這齣電影 就算擱再甘苦也要繼續搬
用我們的希望 走出屬於我們自己的路
堅持我們的夢 活出精采的生命

跟著全場一起合唱的同時，我是真正感動了。當然，我們過去也有許多在社運場上合唱〈島嶼天光〉的時刻。但彷彿直到那時，我才真正有一些，並肩作戰的感覺。

至於黨中央的選戰路線。雖然，我們都能理解。

但當我們在選前兩天晚上，在一個淒冷的雨夜掃街回來，看到電視上，時代力量其他候選人，齊聚在一場我們沒有收到邀請的場子上，與柯P同台高歌、迎接勝選時，心中還是不免失落。

敗選那晚，我們決定不去參加黨中央的慶功記者會。

收完開票布棚，人群散去。我還是忍不住一個人跑到舞台後方的馬路旁邊，哭了好一下子。

6.

回頭看來，時代力量真是成功，而邱顯智真是失敗了嗎？

即使選戰過程中，時代力量左被批投機，右被罵背骨。但你不得不承認，以民意為基礎，在藍綠差距較小的選區與民進黨合作，採「不衝突」的路線吸納支持。創黨不到一年，選上五席立委。這的確是空前的成功。

但反過來，時力的危機也顯現在政黨票的得票率上。選前兩週，各家民調時力的政黨票都還有11％～15％之譜，民進黨內部民調，時力甚至在高雄有18％的支持度。但在民進黨自民調封關後，刻意操作的「時力票太多了，會浪費」、「民進黨優質不分區立委快掉出保證名單了」等等輿論之下，時力最終只驚險跨過5％門檻。

這象徵著，時力的支持者，其實更多地是民進黨的支持者。選民可以輕易地轉移選票回來「救民進黨」，代表大家根本不覺得，兩者有什麼差異。

如果時力無法在未來拉開與民進黨的差異，獲取更多堅實的認同，那民進黨若在二〇一八、二〇二〇展開全面鬥爭，提名自己的候選人，那時力會否就此泡沫化，也未可知。

反過來，邱顯智當然是敗選了。

選戰當然勝選才是重點。多講的都像自我安慰。不過，我們確實還是做到了一些事情。

我們最終在新竹獲得三六、三〇九票（16.55%），是全國「三角堵」選區中，得票率最高的候選人。政黨票方面，時代力量在新竹市獲得一九、一七〇票（8.69%），即使作為時代力量黨內被罵最兇、媒體曝光最低、而且是唯一沒跟柯P一起唱過歌、沒和小英同過台的候選人，但這還是黨內各選區、也是全國選區中，得票率最高的一區。

論主打的議題，國會改革，若不是唯一一個、也是少數幾個，在選戰中由第三勢力主動設定，而且在選後被快速處理的議題。（雖然小英主導的立法院長混戰，實在稱不上什麼改革，我們所期待的制度辯論也沒有發生，加上手段粗殘難看，連我在當時都比較同情老柯。那就是後話了。）

雖然光憑我們，這些僅有的成果，或也很難達成。

比起在各選區中苦戰的綠社盟候選人，我們還是更得力於時力各候選人的光環挹注。若不是碰上老柯這樣的指標性對手，或也很難發動議題。政黨票衝高，也可能出於許多「同情我們、票投老柯」的選民的補償性投票。

無論如何，在遭千刀萬剮之後，還能獲得的這些票數，彌足珍貴。我們至少用這場選戰證明，「第三勢力基本盤」確實存在。

二〇一八年，政黨票得票率換算成市議員所需票數，在各區中都足夠選上一至二席；二〇二〇年，老柯預計不再回鍋參選。若發展得當，第三勢力在新竹市，不須假手他人，仍大有可為。

7.

離選戰結束，已經整整半年。這半年來，我不曾認真回顧過這整場選戰的過程。

一方面，也是沒人想來回顧我們。

開票結果出爐，好幾家媒體下標「時代力量三席全上！」，搭上一張歡欣的照片，彷彿邱顯智不曾存在。網路媒體開始製作一些時力各選區的得票分析、和一些針對綠社盟候選人的「遺珠之憾」系列報導。但獨缺邱顯智。

一方面，他雖然是時代力量的，但他終究是輸了；另方面，雖然不管怎麼看，邱顯智打的都是一場很「第三勢力」的選戰，得到一個很「第三勢力」的結果，但是呢，他畢竟，又是一個時代力量的。無論在哪種政治正確的敘事中，我們彷彿都是尷尬的存在。

另一方面，回憶這個歷程，對我來說，也是一件痛苦的事。

邱顯智是一個和善的人。問他為什麼從來不生氣、不激動，他說拜託，作刑案律師那麼久，殺人放火的事情看多了，世間小仇小恨，用句當代的話來說，那都是「假的」！

但選完那晚，我第一次看見他激動的樣子。

台北黨部打電話來，問他要不要上去一起開記者會。他默不作聲，自己走向辦公室外頭的陽台。我跟出去，點了根菸坐在他旁邊。跟他聊起日後新竹市黨部還是得經營，甚至鋪陳二〇一八、二〇二〇的選戰。

他突然說：「我無可能擱這樣搞啊。我欲返去做我的律師。」

「無可能啦。」我說，「走到這，哩已經無法度抽身啊。」

「我已經歸冬沒收入啊捏！」他突然又激動起來，「哩想看麥，娶人欸查某囝，結果已經五冬啊、囡仔攏已經生兩個啊，結果到今嘛擱咧稅厝。擱搞這齣。我攏不知影欲安怎面對我丈人啦，你知某！」

我不知如何回答。

整場選戰中，我很少聽他提起家人。大多時候，他都在說笑，好像沒什麼煩惱。但我後來才知道，通常一些沉重的人，他們更常把自己的人生，講成一些笑話。因為事情複雜得難以解釋，痛苦難為外人道。在一連串的秘密中，如果不把人生講成一些笑話，你甚至都不知道，還能怎樣過活。

我幫他點了根菸。兩個人坐在那裡，面對那個夜色當中，八個月來，每日一早從這裡出發往路口和市場，又從某個深夜的山中或稻田間歸返而來的，這條南大路。支持群眾散去，車潮如常川流。日出過後，我們終於，就要離開這裡。

兩天後，我自己一個人在酒吧，邊喝一些啤酒、混伏特加、和一些威士忌，邊看著選後的各種評論、黨內候選人上節目談論選後情勢的分析。直到凌晨時分，關店前夕，發了一個貼文，說我要退黨。

原因很多。主要是我也即將服役，時力就要正式進入立院了。退了黨，兩不相涉，我出了什麼紕漏（一些周刊報導之類的）我自己負責，時力犯了什麼錯誤，我也更有一些立場批判吧。如今想來，我也是醉了。或許那個時候，我在等的，或也不過只是一個，如今總算選完了，時力自己戰友，對我們在新竹所做一切的平反而已。

半年過去了。

我的役期，還剩下二七〇幾天。當初的學生團隊，有人出國交換、有人同樣服役，有人趕論文、有些人也進了立院工作；志工們回到各自工作崗位，其中一些夥伴，留下來經營時力的新竹黨部，磨槍籌備二〇一八的硬仗；曾經穿著律師袍穿梭新竹巷弄的律師團戰友，我們如今，仍常在法院、和街頭相遇。

邱顯智回去做他的律師。但同時，他也身兼時力新竹黨部的主委，和時力黨中央的司改委員會主席。這兩天見到他，他給我看他和一些學者草擬的，痛罵民進黨司法院正副院長提名人選的聲明。看來，正準備大幹一場。

寫稿到最後，我又久違地打開了噗浪。
選戰期間，我偶爾會把噗浪（Plurk）當作後台，把一些牢騷丟在上面。選舉結束就忘了。直到現在打開，才發現當時發過這樣一則貼文：

「『現在是搞政治，不是在搞社運。政治本來就充滿了妥協！』這聽起來，好像也是一句『過來人』常常訓誡這些『社運青年』、『政治素人』時，講出來的帥話。
有的時候也是會被唬到。有的時候撐不住了，也會想這樣說服自己。
不過，更多的時候，你會發現，這往往只是你根本毫無堅持的一種遁辭。」

事隔多時，老實說我也忘了那時，到底是誰讓我心裡苦了。但這句話，倒是適合拿來做個標題。
當然，我們並不是沒有妥協的時刻。但至少在那晚，我們沒有妥協，最終仍然選到底了。
幸好有選到底。
幸好在那些艱困的時刻，我們仍說出了想說的話。
否則，我們甚至沒有機會知道，原來還有三六、三〇九個人——他們，也沒想過妥協。

故事就講到這裡。

這篇文章，將要收在一本據說定位成「新世代參政教戰手冊」的新書當中。
但其實，我們畢竟輸了。翻開前後幾頁，那些專業的政治工作者，他們的經驗，或許更有參考價值。

如果這樣的回顧對我有什麼意義——

那也僅僅只是，我希望記下那一年裡，我們所共同經歷的疑惑、不安、魯莽、爭辯，我們的妥協和堅持、勇氣和退縮，以及，我們所有的掙扎和努力。

它們不是未曾發生。

多多少少，我還是希望，它們，也能被一些人們記得。

邱顯智

人的事情

許韋婷

黨部經營工作要項：

1. 招募、訓練和組織志工與黨員。
2. 籌辦各式活動。
3. 協助新進工作人員適應黨部運作。
4. 協調與聯繫黨部和各候選人團隊相關合作事宜。
5. 協調與聯繫社會民主黨和綠黨相關合作事宜。

我在社會民主黨的職稱是「組織部主任」。

這是一個和別人介紹完後，對方通常都會愣住，或很困惑地問我「那是在做什麼」的職稱。但如果要用一句話來概括，大概就是「只要和人有關的事情都是我的工作」，尤其是在我們這樣一個資源匱乏的新興政黨裡更是如此。所以在開始之前需要向讀者特別強調的是，即使許多政黨都會有「組織部主任」一職，但我的經驗其實相當特殊，不只和傳統政黨有很大的不同，在不同時期也會隨著情勢而有所調整。

籌組新政黨，什麼事情都要做

我是在「公民組合」已經隱約有兩條路線出現的末期，開始參與組黨工作。有大概兩個月左右的時間，我一直處在混沌不明的狀態——不確定要籌組的是什麼政黨、不確定會組成一個黨還是兩個黨，也不確定一起組黨的成員會有哪些人。在這樣的狀態下，能做的事情就是透過一次又一次的會議討論，整理各方資訊中模糊或矛盾之處，並在釐清後將組黨的進度再往前推，同時解決各種籌組新政黨需要準備的工作，包括找到預算可以負荷地點又靠近政治中心的辦公室、準備政黨的命名工作、洽談黨徽設計師、追蹤尋找候選人的進度、籌備網路審議政綱政見、規劃之後招募和訓練志工的計畫，以及準備攸關建立社民黨公眾第一印象的「初登場」。

這個階段的工作雖然看起來龐雜，但回頭過去看，卻是最有趣的階段。這時候的工作狀態，不僅有著像創業一樣的新鮮與刺激，且由於一開始人數不多，組織相當扁平，所以可以參與很核心的討論，從中建立起對政治時勢的認知，並訓練對政治的敏感度和判斷力，對於剛入行不久的政治工作者而言，是很難得的機會。

在選舉中嘗試實踐新政治

社民黨在這次的選舉裡共推出六名區域候選人，范雲先是以創黨召集人的身分打頭陣宣布參選；呂欣潔、苗博雅在隔周搭檔出擊；李晏榕則是在社民黨初登場那天同時宣布參選；將近三個月後陳尚志宣布參選；最後則是在一次桃園的活動中意外得知地方上一直有在勸進，經過持續邀約才終於答應披掛上陣的王寶萱。除了寶萱因為在接受社民黨提名前就已經有自己的團隊外，其他五位候選人一開始都沒有輔選的團隊，因此就需要黨中央協助招募和訓練志工。

但懷抱著新政治的理念且受到澳洲勝選經驗鼓勵的我，即使知道台灣傳統上對於輔選志工的訓練包含哪些項目，卻還是選擇採用在澳洲經驗到的訓練方式，花很多力氣將拗口且難以理解的政策口語化，訓練志工不只要理解政策，還要有能力和一般民眾解說社民黨的政策，甚至讓選民能夠因為政策理念而支持社民黨。我當時的目標，是期望在這次的選戰裡，讓政策的草根遊說能夠在台灣出現，從選舉中開始新政治的實踐，而不是等到有席次的時候才開始嘗試。但這樣的實驗從一開始就遭受許多挑戰。

首先，社民黨的政策真的「太進步」，連在訓練志工的過程中，都不見得能說服得了所有的志工，有些甚至還很難理解。再者，即使經歷了太陽花運動，台灣民眾仍然不太習慣和陌生人談論政治，即使難得遇見願意談政策的民眾，也很難在很短的時間內取得民眾的認同，更別提因此支持社民黨。志工們因此挫折感非常大，就算後來調整成跟著時事挑選議題好引發民眾的興趣，對話也改成較好入手的問答形式，成功的機率仍然不高。對候選人來說，這更是一個效率不高的輔選形式，尤其到了選戰白熱化階段，焦慮於知名度太低的候選人，需要的是可以一起跑市場壯聲勢、站路口舉牌，以及在里民活動中發面紙的志工，幫助他們打開廣度，盡可能在最短的時間內接觸到最多的人，而不是一個一個慢慢地以遊說政策的方式爭取支持。所以到選戰末期，只剩范雲的團隊會主動安排這

動電源.全方位保
50
WB-252

樣接近苦行式的選舉方式，堅持在選舉中維持初衷，讓這場新政治的實驗能有始有終。

這場實驗以選舉的結果而言，是失敗的。部分原因在於事前準備不夠充足，包括政策的口語化和相映的文宣都太過粗糙，使得上戰場的志工們沒有好的工具可以運用；另一部分的原因則在於錯估民眾對於政策的興趣，因而不分青紅皂白地以社民黨推出的政策為主體進行遊說，談了許多民眾根本不感興趣的議題。如果一開始就好好調查研究，抓出主打熱門議題，並進行相映的準備，就算很難像傳統輔選那樣很快地打出廣度，卻可以打出深度，讓初次見面的選民不只記住候選人的名字和臉孔，還能夠因為被政策理念說服而支持候選人。

只要醒著就是在工作

在選舉進入倒數五個月的時刻，社民黨和綠黨宣布組成參政聯盟，並以向內政部登記為一個新政黨的方式，期望藉由這種史無前例的合作形式，不僅可以合併計算不分區選票，還可以讓兩黨的合作達到一加一大於二的效果。雖然最後聯盟並未取得席次，也未過政黨補助款門檻，但在大黨夾殺且政黨參選爆炸的劣勢下，和過去綠黨單獨參選相比，選票仍有成長，算是勉強符合當初的期待。

只是，兩個原本各自獨立的政黨要組成參政聯盟一起打選戰，是一個牽動許多敏感神經的磨合過程。所以，兩黨黨中央不僅在確定合作前召開多次會議談判，磨出彼此都可以接受的合作條件；社民黨更為了表示合作的誠意，我和秘書長還直接和綠黨中央一起到地方參與座談，承受不想合作的綠黨黨員砲火，並盡可能地釋疑。但這樣的衝突其實反映著綠黨內部對於黨中央和社民黨的不信任，並影響著選舉的策略和步調，使得選戰越到後期衝突越多，有些甚至延續到選後還無法解決。

在這樣的氛圍下，組織部主任的工作很大一部分是在處理各方情緒，平復或至少減緩衝突，讓各項工作還能夠往前推進。所以當時我幾乎是只要眼睛還睜著就得工作，且工作地點不限一地，經常需要在各縣市奔波，並在交通的過程中電話或訊息聯繫各方，或是組織一場行動，或是安撫某個暴怒或沮喪的人。和志工們一起發傳單或面紙，是我工作中少數可以喘息的時刻。不用當別人情緒的出口，也不用思考如何解決複雜的組織糾紛，我只需要將手上的文宣盡可能地發出去，還可以在和熱血的志工一起工作的過程中，找到讓自己繼續燃燒下去的正面能量。

尋找實踐理想的位置是無力者一生的課題

經過一年多的努力，我們最後還是迎來敗選這個不如預期的結果，社民黨也因此在選後馬上面臨生存的困境。在候選人們紛紛找到出路後，也到黨工必須抉擇的時刻。在連續五個月都面臨下個月都有可能發不出薪水的危機後，有經濟壓力的我，決定離職找個可以養活自己的工作，一方面是為了紓解社民黨的財務壓力，另一方面也是為了讓自己可以無後顧之憂地在未來為理想做更多的實踐。新的位置會不會是一個好的戰鬥位置，我其實沒有什麼把握。但我總覺得，只要還懷抱著理想，任何位置都可以累積實踐的能力，甚至連失敗的經驗都能讓人因此更強大，無力者也將更有力量。

曾柏瑜　體力活

立委候選人工作要項：

1. 選區盤點、agenda setting。
2. 呈現團隊決定的形象。
3. 親切的微笑是需要練習的，有力度的握手也是需要練習的。
4. 簡單具體的表達政策及價值。
5. 體力要好，剩下的用意志力撐。（凌晨送車、早上菜市場、下午掃街拜票、傍晚街頭短講、晚上平安餐……等等。）
6. 帶領團隊、凝聚志工，給支持者明確的支持標的。
7. 體認政治現實，辨識受眾。
8. 當選。（我沒做到）

先跟大家報告一下我的選舉結果吧！我參選的選區是新北市十一選區，對手有連任四屆的國民黨立委、黑道老大羅福助之子羅明才，以及民進黨籍、當選五屆議員的老議員陳永福。這個選區民進黨幾乎毫無勝算，無論派誰，國民黨的候選人都會以超過一倍的得票數大勝，可以說是鐵票倉中的鐵票倉。

最終我在國民兩黨夾殺的情況之下，以不到兩百萬的競選經費，拿到了兩萬兩千多票，占總投票數的12.5%。

話說從頭

我大概是在二〇一五年的四月左右下定決心參選，中間並沒有太大的猶豫，參選的原因很簡單，那時我擔任綠黨的青年部召集人，在黨內討論可能參選人選時，我發現當時的名單並沒有「青年」。綠黨身為一個號稱「新政治」的政黨，沒有青年代表、青年參選人，怎麼能夠說服年輕人？於是當綠黨徵詢我的參選意願時，我沒有太多猶豫便決定參選。

事實上，綠黨並不乏充滿理想的青年，但為什麼難以尋求青年候選人？原因並不難理解，現今二十幾歲的青年，大多還在念書或是剛出社會，家庭能不能支持年輕人參選，可以說是影響青年參政最關鍵的因素。另外，經濟因素也是很大的考量，將近半年的時間無法工作、財務只出不進，對任何年輕人來說都是很大的負擔。

剛好，在這兩個部分我都沒什麼壓力，我的父母一直以來對於我參與政治沒有太多的反對，只要我

「想清楚」，也在我下定決心參選以後決定支持，我相信這對為人父母來說是非常困難的決定，我非常感謝他們。

另外，關於經濟狀態，我也是非常幸運的孩子。從小，每年過年拿到的紅包錢，我媽都會幫我存起來，她曾經跟我說過，這些壓歲錢以後要讓我當嫁妝，雖然只有少少的二十萬，但以一個二十三歲的年輕人來說，已經是一大筆啟動金了。

總之，我衝動的決定參選（甚至是決定好了之後才「告知」了我的父母），十五年六月初，我在立法院前舉辦宣布參選記者會。那個時候我還沒畢業，找了我的大學同學當選舉辦公室主任、大學學弟當我的粉絲頁小編，加上手頭上的二十萬，我們跌跌撞撞的開始選舉的旅程。

選舉選了大概半年，其中的酸甜苦辣我想無法用短短的篇幅說完，就粗略的講解一下我的選舉狀況。六月宣布參選後，花了很大的時間在決定「形象」、「口號」、「大時程」，但是這個時候的團隊人數只有三個人，很多討論出來的決策都有很大進步空間，而且也因為人少、曝光度少，有些想法難以被實現，最終實現的大概只有街頭短講和拍攝評論時事的影片。

到了七八月團隊初步成形，活動統籌和秘書長加入團隊，開始帶著志工徒步掃街拜票、辦不太花錢的小活動，以及不停募款做文宣。到了九月、十月，團隊志工和地方支持者累積到一定的程度，也依據一些前輩的建議，開始買公車廣告、大看板，並且丟出我們的政策文宣、主打議題，這個時期真的太花錢，每天、每天為了募款焦頭爛額，好險許多長輩在這個時候伸出援手、向身邊好友推薦我，小額募款一筆一筆的進來，很多想過許久的構思終於有了資源執行。

十一月開始瘋狂的文宣戰、宣傳戰，以及瘋狂的掃街拜票，宣傳影片、吳念真導演的推薦都是在偶然的際遇下得到了支持，選舉到這時候已經是瘋狂運轉，團隊每個人早起貪黑，甚至到了每天吃止痛藥才能繼續工作的狀態。

到了一月動員的高峰，所有身邊願意幫忙、能夠幫忙的人都在這個時間匯集，好多前輩、長輩都現身幫忙，許多人過去只在媒體上見過的名人，都開始出面相挺，但是民進黨也開始操作棄保，挾帶蔡英文強勢的明星光環，讓反棄保的操作打得格外艱辛。

一月十五日，是最讓人感動的一晚。那天我們回到街頭，在新店12個重要交通要道路旁街講，這個活動動員了將近五十個志工，他們不僅到場，他們站在板凳上、拿著麥克風，向冷漠的路人解釋為什麼自己要支持二十三歲參選立委的候選人。

一月十六日，一切的熱情趨於平靜，很多志工哭了，但必須坦承我對這個結果並不意外，而事實上我們的戰鬥才要開始。

根據本書的初衷，接下來我應該要給想參選的青年一些提醒，但我老是覺得坊間那些「某某人的成功學」或「誰誰給你的成功祕訣」書籍都缺少一個很重要的要素。從決定參選到現在，我很清楚了解，很多的機遇都是偶然，我剛好遇到一個很棒的團隊，遇到很多的貴人，造就了一月十六日的奇蹟，雖然沒當選，但仍然是個奇蹟。

我想即使再來一次，也不會有同樣一個「曾柏瑜」，就像不會再有一次「318佔領立法院」。

所以以下就僅以個人經驗做點分享，而且我自己是個立委落選人，給出的建議能有多少幫助，就請大家斟酌參考吧！

Tips 1：你需要好團隊，很強的

對沒有強大政黨機器的候選人來說，有一個強大的團隊真的太重要了。

好的團隊帶你上天堂，在這場選戰中我有深刻的體悟。至今仍然深深覺得，能夠遇到這樣的團隊，真的是我這輩子的幸運。一個候選人所呈現的，並不只是他自己，而某種程度上來說，他代言了他的團隊。

簡單的說，在選舉期間「曾柏瑜」不是我，「曾柏瑜」是一個品牌，「我」這個二十三歲的年輕女性，是這個品牌的代言人，而這個品牌的品牌理念、品牌包裝、品牌行銷策略……乃至於這個品牌的內涵，都是選舉團隊決定的。

候選人其實是一個體力活，光是每天的拜票、掃街行程，就幾乎佔據所有時間，其他思考政策論述、回應評論時事、構思活動、輿論蒐集分析、決定宣傳策略、選民服務、文宣設計等等，幾乎沒有時間也沒有體力處理。所以如果你有一群和你理念相近（不需要擔心寫出來的政策或文宣與理念不合）、能力超群（不需要擔心事情出紕漏）、待人親和有禮（不需要擔心得罪人）的工作狂團隊，基本上選戰的根基就穩了，至少不需要擔心被扯後腿。（其實最需要的特質是工作狂，工作狂救台灣）

聽一些前輩說，傳統的選舉方式並不一定是這樣，而是有個經驗老到「總幹事」或「操盤手」來決定這些，選舉團隊負責執行。但是我們這群二十出頭的年輕人對於選舉都是慢慢摸索、越挫越勇的嘗試著，沒有誰能真的擔任這樣的角色。二來，這樣的方式對於創意的發想或是激發年輕人的參與並沒有幫助。

我不了解一般國、民兩黨的立委候選人大概會有多少選舉幹部，我的團隊一直很流動，所有願意幫

忙、給建議的人我們都非常歡迎，算是組織邊界滿開放的一個團隊吧！最核心的幹部，加上我大約有六個人，六個人雖然各自有自己的工作職權，但是小公司就是要校長兼撞鐘，其實每個人都身兼打雜。

也因為人少，這個團隊基本上沒有階層，沒有誰是誰的上司，除了候選人有最終拍板定案和爭議解決的功能之外，所有競選策略都是一起討論、一起擬定，也一起檢討，為彼此的決定負責。

與其說我們把自己當做一個選舉團隊，不如說我們把自己視為一個正在創業的新創團隊，我們想要一起開創一個名為「政治」的事業，選舉這件事情並不是為了我個人，而是為了「我們」，讓更多年輕人在政治的領域中，除了加入國、民兩黨之外，還有其他的管道取得政治影響力。

在這裡我想特別強調，我一直相信突破世代不正義的關鍵，除了青年串聯，就是世代協力。雖然我的核心團隊皆是二十出頭的年輕人，但是我的顧問以及給予很多幫忙的前輩，很多年齡都已經不是「青年」。

世代正義是我關心的議題，但這並不妨礙世代協力的可能，關鍵其實是「是否有助於解決青年困境」，讓長輩們提供經驗，青年將這些經驗轉化，就像318佔領運動，也不是學生運動，而是由各年齡層的人搭建舞台，最後在舞台上最耀眼的或許是青年，但卻是世代協力的結果。

總之，選舉團隊對於候選人的影響非常深遠，可遇不可求，但如果遇上了，就是你的幸運。

Tips 2：想清楚，然後面對現實吧

〕

真◎柏瑜

真◎柏瑜

筒，

更美麗。

柏瑜底加〔中正路＋北新路口〕

真☺柏瑜

柏瑜底加

柏瑜底加〔碧潭市場〕

真☺柏瑜

比起因為強風而
為了家園彎下腰

選舉前要先想清楚，你選舉的目的是什麼？

我問的當然不是「為了改變台灣」這種遠程目標，而是這場選戰，你要的結果是什麼？或是換個問法，選舉的結果對你來說重要嗎？

這個問題非常關鍵，這攸關你選舉的整體策略，到底是要以選上為目標，還是把選舉當作一個大型動員，藉機宣傳理念、展示價值。如果將選舉當作一個宣傳理念的機會，自然可以高舉理想性的大旗，宣示道德的崇高性、強調著你覺得重要的價值，這樣的社會運動式的語言和方式，大概能得到百分之五的支持，對於理念的傳播是有一定效果的。

但如果以選上為目標，那就要取得超過半數的人的支持。

超過半數的人，也就是說，即使所有的青年都投給你，你仍然必須取得你爸爸媽媽那一輩、甚至是爺爺奶奶那一代的支持。不管他們的職業或政治傾向，你必須能夠和他們溝通，進而取得他們的認同。

所以僅僅述說著你以為重要的價值，是不夠的。更重要的是，這些「選民」，到底在乎什麼？關心什麼？需要什麼？而你又可以帶給他們什麼？通常這些人關心在乎需要希望你帶給他們的，都跟想要述說的價值相去甚遠。大部分的選民更關心他家旁邊的巷子可不可以不要畫紅線、門口的馬路可不可以不塞車，政治離他們太遠，街坊們對於一個立委候選人的期待並不高出里長太多。再更高一點的期望層次，就陷入比較意識形態的統獨問題，或是比較政治鬥爭是不是支持某個總統候選人。如何能夠和這些期待對話，適時的呼應他們的需求，又能夠順利的推展出我們想談的價值，或不違背我們的理念，這是一個困難得面對現實的歷程。

我們選舉團隊稱這個體悟為「接地氣」。其實我們做的還不夠好，花了太多的時間在摸索，但坦然承認大部分的人比起居住正義，更在乎能不能有更多的停車位，是重要的。選舉這件事情非常俗氣，一點也不清高。身為候選人，更是不能沒有政治現實感。認清政治現實，釐清自己的目標，依據目標訂定目標受眾，跟這些人對話，引起他們的共鳴，剩下的就是體力的事了。

要特別注意的是，「群眾」這個詞彙背後是一個又一個的人。

常常在理念宣傳的過程中，我們遇到和我們想法理念差距非常非常遠的選民（通常是中產階級、異性戀、中年男性），在溝通理念的過程中我們很容易把他們歸類為一群難以說服的TA，然後放棄這個族群。但是，其實這些難以溝通的中產階級異性戀中年男性，也有他們的成長背景，這些「群眾」背後也象徵著一種價值，或許是「穩定」或許是「家父長式的責任感」，無論是什麼，我們能做的其實是同理他們的價值，做不到認同但我們可以同理，然後盡可能得取得共識。

這件事情說起來容易，但當你在路上短講被人指著鼻子大罵「暴民、騙子」，實在不是件容易的事情，可是唯有這樣我們才能真正得做到同理，進一步累積更大的能量。

Tips 3：順勢而為，一切都是剛剛好

選舉到了後期，有點像是一種修行。

從小家裡就信仰佛教，國中的時候開始接觸藏傳佛教，越來越大之後對於信仰卻是越來越遠，但是到了生理心理都煎熬的時候，越是把自己逼到臨界值，越是需要信仰來支撐。

經過這大半年，有個很深的體悟，那就是「順勢而為，一切都是剛剛好」。很多時候，我們做了很多計畫、謀略、算計，還不如順著勢走，局勢開始變化時，計畫和心境也要跟著改變。這不只是我的人生哲學，也是因為政治是非常彈性的工作，隨著每個突發事件發生、輿論的轉向，局勢會不停的改變，一次又一次的計畫趕不上變化之後，必須學會放寬心、放寬計畫，讓自己和整個選舉團隊充滿彈性。

不知道大家怎麼看待「彈性」這件事情，這樣講起來好像很輕鬆，實際上當你準備了很久的計畫、選舉策略，因為局勢改變必須放棄時，它其實一點也不輕鬆。但是讓計畫和心態充滿彈性的好處，就是當突發狀況發生時，能夠快速的應變，例如某個新聞事件一發生，立刻可以順勢而上改變原定規畫的主軸或是設計。

除了順勢而為之外，我也相信「沒有不好、沒有太好、沒有太早、沒有太晚，所有事情的發生都是剛剛好」。所以不需要懊惱錯過了很好的操作，或是擔心某個選舉策略是不是有漏洞。在這段過程中我們做的所有決定，都是在那個當下深思熟慮之後做出的最好決定，所以一切都是剛剛好，我們只需要盡自己最大的努力，剩下的一切就會在剛好的時間、剛好的發生。

舉個例來說，我原先希望八月份可以開始做公車廣告的宣傳，但是那時候無論我如何努力募款，或是聯繫廠商，都沒有辦法達成這個目標。而我放寬心，繼續去做我可以做的那些努力（辦不花錢的親子活動、持續街頭短講等等）。十月底的時候，我剛登記參選，新聞開始有所曝光，這時突然有公車廣告的廠商對我表達支持、願意給我打折，剛好那時候又遇到很支持我的長輩願意捐款。我就順著新聞曝光的勢，在剛剛好的時機點達成了「公車廣告曝光」的計畫。

抱持著這個信念，讓我們更冷靜的面對變化，也讓自己的心情維持一種積極正向的態度，這遠比什麼都重要。

從體制外走到體制內

總覺得還有好多小小的眉眉角角想要分享，但是這些零碎、瑣碎、煩人的小事，只困擾著當下，回首來看都只是幾句小叮嚀而已。

如同前述，我認為人生有太多偶然，每個人的機運不同、能夠結出來的果實也不同，但如果問我，是否支持青年出來選舉，我可能會勸他再考慮考慮。

別誤會，我鼓勵「青年參政」，政治的領域上我們的確需要更多的盟友、更多的青年觀點，但是青年參政的目的是「取得實質政治影響力」，這個目的並不一定要透過參選來達成，選舉是個痛苦的、自我磨滅的過程，我不認為每個希望能參與政治、做出改變的年輕人都必須經歷這種虐身虐心的過程，我們可以把精力和理想放在更能夠發揮的地方，不過如果有人願意一起擔任參選的工作，這也是很棒的事。

選舉後我更能理解，實質政治影響力並不一定得做為候選人，無論是作為幕僚、各領域的突出的人才、媒體網路相關業者……等等，其實都有一定的政治影響力。固然，如果有青年候選人當選，能夠有更大的影響力、話語權，但是在各個領域上青年的串連，才能真正讓青年的困境浮上政治舞台。

張慧慈 下鄉

中央小黨工地方派駐工作要項：

1. 協助整理對手相關資料，做成量化圖表、表格，供團隊使用。
2. 掃街活動之場地路線勘查與麥克風手邀約。
3. 協助辦理相關記者會，構想、資料發放、現場布置等行政工作。
4. 新聞稿撰寫，包含提供地方媒體的獨家新聞撰寫。
5. 文宣製作物內容發想與討論。
6. 內外監票系統建置、監票人員相關訓練授課。
7. 開票作業系統操作。

小草的熱血

我在推甄社研所的備審資料最後一頁，放入我參選學生會長的新聞稿。面試教授問我為何要從政，我自信的說：「比起學術研究，從政，才能真正落實好的政策。」現在即使偶爾想起來，都想把過去的自己埋起來。

二〇一四年上旬，將屆修業年限的我，考完論文大綱後，台灣爆發了佔領立法院的事件，終究吸引了有著滿腔熱血的我投入。每日每夜的靜坐、與朋友爭辯政治，我喜歡那樣奮不顧身的自己。而隨著事件的落幕，思考再三後，我決定進入體制內施展我的抱負。

第一項任務，「民主小草」計畫，號召許多有志於政治的青年投身基層選舉。被這樣理念吸引來的年輕人，每一個都耀眼到讓我覺得台灣有希望。「小草就是台灣基層政治的翻轉者，等著吧，新政治可以超越一切」，這類的想法成了我熱情的燃料。

全國舉辦說明會宣揚理念，評選會公開透明的拔擢優秀人才。為小草們書寫文宣、形象包裝等行銷，都是嶄新的任務，都是邁向新政治的基礎。加上部門主要業務——監票課程的授課，我覺得我就像是新政治傳福音的小天使，我的每一步都是改變台灣的重要契機。

九合一大選結束，社會用選票贏來了新氣象，我也與有榮焉，覺得年輕人的加入就是新政治的開始。不容我多加沉澱與思考，隔年二月，我被派駐到地方輔選立委補選。短短的一個月，帶我進入了真實政治的場域。

前往地方的那一天，是我旅遊的最後一天。每天晚上，我都趴在旅館的床上，輕快的搖晃著雙腳，寫下我對於進駐冒險的期待與計畫。我綜合我打聽來的經驗與期望，寫下了工作計畫：

1. 協助編寫候選人臉書與文宣文字。
2. 收集輿情，結合地方資訊與資料，籌謀規畫作戰策略。
3. 辦理相關記者會與造勢晚會。
4. 陪候選人掃街拜票，並且期望能夠擔任麥克風手，實戰在中央黨部的訓練。

中央黨部來的「小麻煩」

第一個星期，每天早上穿越 N 線道加上圓環，比青蛙過河還刺激的上班路線。到了競選總部，整理資料，把資料 key 進文件中，存檔。補選的時間很緊湊，進駐就像是球賽後半場換球員上場賺經驗一樣，這時沒人有空指點一二，多半要靠自己做中學。更令人崩潰的是，睡覺的地方是美國恐怖片會出現的旅社，昏暗的燈光、莫名對著床頭的人物畫、滿室的塵蟎、必須手洗的各式衣物，還有無助與自我否定陪著入眠。幸好還有色情小電影，在嗯嗯啊啊聲中，感受到溫度才得以入眠。這時候我覺得自己像被放逐到國外的有錢人家小孩，一邊覺得自己就像背劇女主角，一邊知道自己必須快點獨立。

第二個星期，我認為我不能再浪費時間，我發揮社會學家的精神，開始進行選區探險，觀察地方的人事物，在臉書寫些小小的心得與分析。沒有太多人關心，我安慰自己，至少我學以致用。

第三個星期，小幅改組下，我開始做別的事情，這才發現政治原來這麼真實。工作性質的關係，我需要整理既有的參與者名單，但取得名單的過程困難重重，讓我數度想雙手一攤，直接放棄。可是，拿不到名單就無法完成任務，束手無策下，我詢問長官取得許可後，用網路招兵買馬，順利完成人員布置。

2016/01/16
台北 Taipei
客家女兒
苗栗
Miaoli
回家

另一方面，或許是組織的規模不同。我習慣了中央黨部的細緻分工，許多事務上了簽，會辦部門就會進入軌道開始上工。在地方，一個東西交代下去，如果沒有盯著每一項步驟，永遠都不會有完成的一天。有長官來的時候，每一個人都爭著表現。許多事情累積下來，我對於地方政治與政治工作者開始感到不滿，甚至覺得他們就是台灣地方政治腐敗的原因，諷刺的是，這恰好凸顯了我根本未曾了解地方。

衝突一觸即發，直到資深的前輩在某次會議後告訴我們：對我們來說，名單就是名單，但對地方派系而言，名單裡的每一個名字，都是他們的人脈與資源。交出名單，等於交出他們的經營。我終於領悟到癥結所在。就算我們沒有在這裡停留的打算，但「中央黨部來的」，或許不只是來幫忙，也可能是來打亂節奏的。此外，在中央黨部，我們受到的訓練，是每件事都明確分工，但對地方幹部來說，因為資源缺乏，每個人要做的事情很雜，很難有清楚的分工，他們必須學會所有的事，跟著選戰節奏「把事情做完」，是他們經驗下的考量。當我抱怨住的旅館差強人意，卻忽略其他工作夥伴只能睡競選總部。或許對他們來說，我們就像是養尊處優的小孩進入學校，覺得所有的安排都不盡人意，忘了他人的辛苦與資源的分配不均的小麻煩吧！

地方的實幹經驗

事實上，中央黨部派人進駐地方，並非是覺得這些同仁可以派上什麼用場，主要目的是讓同仁觀察、了解地方的運作模式。但我沒有足夠時間去消化理解，只能硬著頭皮改變了自己的想法與做法。我將待辦事項分點分段清楚的列出後，在後面標上應完成時間。以中央黨部的訓練講師經驗，訓練工作人員等等，取得與地方幹部的平衡，紓解了雙方的緊張氣氛。當時的我只是忍耐，想著一個月很快就過去了。

投票當天，我們訓練出來的年輕監票員發現了數起疑似買票的行為，很快的通報我們。我們非常高興，還在欣喜「果然是年輕人比較勇敢」的時候，地方幹部告訴我們，叫我們快點通知那些年輕人去找我們派駐的黨公職，以免發生危險。在我有限的生命經驗中，從來都小瞧了政治。我懊悔萬分，因為不了解地方，貿然將一群熱血的年輕人置於危險之處，還沾沾自喜。要不是地方幹部的提醒，他們可能會受到傷害。

我想起了我在服務業工作的妹妹，在初期，她們必須輪調所有的工作，熟悉所有工作的步驟。也因為知道所有工作內容，一旦發生問題或衝突時，她們先想到的會是哪個工作可能遇到什麼困難，而不是追究負責哪個工作的同仁在找碴或偷懶。

開啟對話的可能

在中央黨部，我們以全國性的視野判斷、規劃政策。在地方黨部，他們以地方的角度去反映問題，經營選區。大多數的例子跟經驗，是地方累積經驗後，提供給中央做普遍、全盤性的政策制定。從中央到地方，就跟從文本到真實世界很雷同，濃縮的理論奠基於真實世界的積累，但仍需考慮地方的差異性與特定經驗。工作結束離開前，地方的幹部跟我們要網路找來的名單，他們覺得這群年輕人很有幹勁，他們想要好好經營。我整理好名單，交給他們的同時，一併刪除我這邊所有的檔案。這是我應該做的，即使沒有人告訴我。

當我們設身處地站在他人立場思考時，便能開啟對話與溝通的可能。

黃守達　有燈就有人

青年組織工作要項：

1. 整理一份價值清單，不斷提醒自己，組織所為何事。
2. 活動只是中介，事前邀請參與、事中觀察表現、事後探詢動向，才是建立關係與維持關係的關鍵。
3. 建檔很重要，詳實的名冊是組織工作的起點與終點。
4. 沒有萬能的通路，也沒有萬用的方法。
5. 陌生拜訪要勇敢、社群互動要謙卑、網路行銷要靈活。
6. 從經驗中學習，尤其是學習如何溝通。
7. 現實總是努力太多成就太少，自己做得開心還是最重要的。

組織

假如這世界存在什麼「意義不明詞彙排行榜」的話，「組織工作」這四個字鐵定能夠排上前幾名。組織工作是什麼呢？是三不五時揪團喝酒吃飯？是逢年過節婚喪喜慶的交際應酬？是一句話可以烙到多少兄弟？是輸送利益的交換網絡？是上線拉下線的直銷體系？是拓展人脈又或者是群眾培力？

無論定義如何，組織工作之重要與必要倒是毫不含糊。任何稍具規模的政治團體或社運組織，都可以找到「組織部」的編制。每一次投票的估票作業，不只是要找出游離飄移的空氣票，更是要催出一張張有憑有據的「組織票」。不管是選舉還是抗爭，如果說空戰是明指高來高去的文宣戰，海戰是暗喻灌水洗版的網路戰，那陸戰就非穩紮穩打的「組織戰」莫屬。

但，組織工作可不是政治與社運的專利。只要有人群，就會有價值與利益的拉扯，就會有權力鬥爭，也就會有拉幫結派的現象。拉幫結派的「拉」與「結」，說穿了就是組織工作。這樣的現象無所不在，即使學術領域也不例外。成立學會、發行通訊、舉辦研討會、訪問交流，不也是在把人們給連結起來嗎？

到最後，真正重要的問題就會變成「為什麼要把人們連結起來」。這個問題，決定了組織工作的重量。同樣拉幫結派，是為了發起一場爭取勞動者權益的罷工運動，還是為了搶奪一件重大公共工程的標案，意義完全不同。

組織工作的目的與手段是連動的，選舉就是極端的例子。所謂投票，本質就是比誰的朋友多，但即使是朋友，也有益友損友之別。錢可以買到朋友，但買不到友情。好的組織工作者珍惜友情。她不會計較你的出身、背景、性格、缺陷，但只要條件允許，她會帶著你一起前進。

這是理想，要做到不容易。但正如海明威於《戰地鐘聲》所說：「這個世界很美好，值得人們為它奮鬥。」或者至少，我們可以像電影《七宗罪》的摩根費里曼，同意後半段。

青年

組織工作難，青年組織工作又更難。

「青年」被視為一個特別的族群，本身就是件特別的事情。年輕人可能具有多重身分，不管是用族群、性別、階級、學籍去作畫分，都很難找到一個真正屬於年輕人的共通特性與認同。即使用年齡當作標準，光是幾歲到幾歲算是青年就吵不完了，而且不同年齡層的青年遇到的問題也很難一概而論。缺乏共通特性與認同，也就缺乏休戚與共的利害關係。這是青年組織工作的難處所在。

確實，當代台灣的青年分享著相同的歷史經驗：他們是在解嚴後長大的一個世代。換言之，他們是陪著這塊土地的民主一起長大的世代。很可惜，台灣還不是一個正常國家。後解嚴的歷史經驗，帶給這個世代的是更大的歧異與分裂。

那末，為什麼要把青年給特別化？有些人就質疑，這充其量只是選舉考量。因為年輕人的投票意向尚未定型，所以政府與政黨才會推出所謂「青年政策」籠絡年輕人。這樣的質疑並非毫無道理，卻反面地指認了年輕人的共通特性：年輕人是尚未被定型的一群人，換言之，年輕人是充滿著無限可能的一群人。

年輕人充滿著無限可能，也就充滿著無比的吸引力。然而，尚未被定型，意味著這些人沒有固定的身分、固定的場所、固定的生活模式、固定的意識型態；換言之，要接近這些人，沒有固定的SOP，只能無所不用其極。

民進黨二〇一六年總統大選的青年政策，就是個一網打盡的嘗試。二〇一六年的青年政策以「對象」為類別，將青年分成五大族群：熱血行動者、校園打工族、社會新鮮人、想婚情侶檔、青年創業家。有些族群對應單一問題，例如青年創業家就對應青年創業的政策（廢話）；有些族群對應多個問題，想婚情侶檔訴求的是年輕家長新手爸媽，涵蓋托育與居住政策；熱血行動者亦即所謂「憤青」，則包含十八歲公民權與學生權利的倡議。

五大族群的類別，反映出當代台灣年輕人的多元與複雜。要面面俱到是不可能的，但或許我們可以從三個維度來定位青年組織工作的樣貌。這三個維度分別是：O2O、社群、轉譯。

O2O

O2O是個新潮的詞彙，全稱是Online to Offline，是指將實體商務與電子商務加以整合連動的商業營銷模式。稍微不嚴謹一點，我們也可以把它視為實體活動與網路活動互相搭配串接的組織工作模式。這年頭，網路本身就是一個組織工作的場域，君不見各種品牌名人臉書粉絲專頁小編，是如此用心良苦地在經營粉絲關係。每逢筆戰論爭宣告開打，或是流言蜚語到處散播，首批站上前線闢謠助陣的，便非這群死忠的粉絲莫屬。還停留在網路僅僅是「宣傳」的思維，那注定會被時代所淘汰。

O2O的概念在商業界已經相當成熟了，但即使人們對此一點都不陌生，O2O在政治與社運領域的實踐，仍停留在很初階的層次。以民進黨青年部為例，選舉期間曾推出一個「英派青年」系列計畫。

、想婚情侶、
的政策。
政見吧！

針對學生、社會新
青年創業家，提出
讓我們透過漫畫來

計畫概念很單純，就是透過各種網路宣傳通路（FB、LINE、e-mail）散發招募訊息，招募青年志工；蒐集了一批名單後，再於各地區舉辦青年志工培訓。當然後續還有各種配套活動，持續捲動青年志工，例如舉辦專題講座、舉辦地方小旅行、舉辦布偶劇巡迴演出等等。

但在這裡，就會遭遇到各種艱難。第一關，網路宣傳不是萬靈丹，虛擬世界還是有身分識別：帳號。雖然網路宣傳可以下廣告，但廣告只能提供單向的連結：他看得到你，你未必找得到他。第二關，網路活動未必就比實體活動要來得便宜，想梗、作圖、回訊息、寫文案，經營 FB 粉專或者 LINE 官方帳號其實需要專人。但有多少團隊願意而且能夠養得起這麼一個專員？

第三關，要怎麼找到「新鮮」的年輕人？大家都想要找到有心、有空、肯學、肯拚的年輕人，但是大家也都知道政治領域就是低薪過勞的血汗修羅場（社運領域就更不用說了），年輕人如果真的這麼有才，幹嘛跟自己過不去？反過來說，年輕人如果真的被生計擠兌得死去活來，賺錢都來不及了，又哪有閒情逸致跟你搖旗吶喊？到頭來，真正能夠走入政治領域，都是那些老面孔。就算網路再怎麼神通廣大，實體的限制仍然是殘酷的。萬人響應一人到場，這個命題有它的物質基礎。

第四關，即使最後拉到了一批年輕人——然後呢？「英派青年」系列計畫的各種活動，工作人員都會把來活動成員們加進專屬的 LINE 群組。一來是多一個發布訊息的管道，二來也是鼓勵大家多多交流聯絡感情，三來有什麼計畫也可以在裡頭呼朋引伴。儘管如此，其實成員們還願意在 LINE 群組裡聊天打屁，就已經算很不錯了。一次性、緊急式的號召動員還可以，要再多就得靠機緣了。

第五關，就是錢。網路宣傳網路經營要錢，接觸人聯繫人要錢，維持關係要錢。拉到有主見、有想法、有動能年輕人了，要如何把年輕人的創意付諸實現，這都要錢。然而，對那些沒有不當財產的政黨與社團來說，每一分錢都是支持者的心意，浪費不得。這是個兩難，沒有絕對解。組織工作者只能提醒自己，雖然理想必須兼顧實現可能性，但在功利算計之餘莫忘人與人的溫情與善意。

社群

政治與社運領域其實應該多多向商業界借鏡。儘管被各種似是而非的勵志修辭與偽科學論述所遮掩，商業界仍然充滿著許多發人深省的道理與案例。O2O的威力，來自於它打開了網路活動與實體活動的想像空間。

舉例來說，同樣是訂房叫車服務，Airbnb與Uber就成功擺脫過去廉價、骯髒、老舊、無效率的印象，把消費者的服務上升成某種「體驗」，甚至賦予互惠互利的「價值」。確實，如Airbnb與Uber這樣的共享經濟充滿爭議，「創新媒合平台」與「架空市場監管」往往是一體兩面。但即使如此，你不得不承認，這確實指出了某種另類可能性。

網路活動與實體活動的互相搭配，也愈來愈凸顯「社群」在當代台灣的重要性。從BBS、Yahoo奇摩家族、無名小站、MSN、論壇，以至於晚近的Plurk、Facebook、LINE、Dcard，隨著網路媒體的發達，人與人的互動距離縮短了，社群的成形與分化更加快速劇烈。遊戲的、Cosplay的、極限運動的、漫畫動畫的、配音的、宅男腐女的、毛小孩的、網拍網購的，各種社群族繁不及備載。即使在商業界也是如此，前述Airbnb與Uber不就是把消費者當成社群經營？

抓對了社群，就會像拎粽子般，一次就能提起一整串。而且這不同於既有組織工作的模式，先抓頭人再由頭人抓人頭，是點對點的聯繫。假使能夠打進社群，取得社群的信任與支持，那會是網狀的聯繫，而且是穩定且可靠的聯繫。但拉攏社群並不是件容易事。

比較有趣的嘗試，是民進黨媒體創意中心在選舉期間舉辦的「小英動漫見面會」。媒創中心與動漫社群合作，以動漫見面會的活動形式，安排總統候選人蔡英文與知名動畫製作人、漫畫家、漫畫編輯對談動漫產業政策，還邀請Coser扮演3D小英，演出競選主體曲〈亮點〉的萌版舞蹈。這場活動引發了熱烈迴響。當選後沒隔多久，蔡英文總統更兌現承諾，出席「開拓動漫祭Fancy frontier」。老實說，動漫社群不會因此就全體投靠民進黨，但這一次的嘗試，至少讓民進黨聽懂了動漫社群的語言。而這是轉譯的前提。

轉譯

楊弘任在《社區如何動起來》裡提出了「文化轉譯」的概念。套用他的定義，文化轉譯就是：「用自己的專業，說出人家的興趣。」這本書討論的雖然是社區營造，但社區營造也是屬於廣義組織工作，其實也是相通的。阿林斯基的《叛道》不早就說過了嗎？「對組織者來說，經驗及溝通這兩件事是最根本的。組織者只能在他聽眾的經驗範圍內進行溝通；否則就不存在溝通。」

任何的組織工作，都是希望把人聚集起來。缺乏共感，抽象的理論與華麗的修辭，本身是沒有黏性的。轉譯，就是在招喚共感。

選舉期間，民進黨青年部不只有五大族群的青年政策，更推出系列政策漫畫，在合作漫畫家的巧思之下，把艱澀僵硬的政策論述轉譯成輕鬆詼諧的插圖。但最值得一提的，莫過於綠黨社會民主黨聯盟不分區立委候選人張麗芬的Facebook粉絲專頁。綠社盟標舉左翼色彩，張麗芬本身也是工運出身，自然主打勞動議題。粉絲專頁也就推出不少勞動議題的文宣。

舉例來說，張麗芬團隊就曾經推出過「勞動者選擇題」系列。像是有陣子「壁咚」很夯，文宣就畫了一張男女壁咚的插圖，旁邊幾個大字：深夜辦公室，突然地心跳加速，這是（A）大人的戀愛（B）過勞的心悸。類似的勞動者選擇題，前前後後共十來個，引發不少討論。此外，由於台灣言情小說有所謂「總裁系列」，張麗芬團隊就模仿言情小說的風格，製作一份「總裁你是誰」的文宣，表面上是在開總裁系列的玩笑，實際上則是藉機介紹解雇的最後手段性。

面對面的轉譯，遠比隔著螢幕要來的困難。終究，這很難說有什麼秘訣，尤其是在當代台灣。我們活在一個亢奮的年代，凡事都被要求快狠準；但是我們身處的科層體制卻總是遲緩而麻木。溝通很難，想溝通的人卻不多。組織工作如果說有什麼崇高的價值，大概就在於此吧？

目的

《論語》裡有一段話：「名不正，則言不順；言不順，則事不成。」青年組織工作如果真的要「成事」，勢必就是要先「正名」。這就會回到青年組織工作之目的。對於任何一個關心青年在政治領域與社運領域發展與前途的人來說，沒有什麼是比「接住」青年更重要的事情了。但不管是經濟意義的、政治意義的、精神意義的接住，都不是單一個體做得到的事情。我們需要整個世代的團結。

回過頭來，如果要說什麼是組織工作，或許就是電影《一代宗師》裡的經典名句：「念念不忘，必有迴響。有一口氣，點一盞燈，有燈就有人。」

詹晉鑒

一對一，傾聽

里長候選人工作要項：

1. 與里民深談里內大小事。例如辦講座。
2. 利用時機與大多數里民接觸，例如跟垃圾車。
3. 與同黨議員合作，例如競選總部成立大會，邀請議員參加。
4. 製作各類文宣品，吸引里民注意。
5. 確立選舉口號。
6. 發表政見，未來願景。

選擇掛民進黨籍，在最藍的地區選里長

二〇一四年太陽花學運爆發後，年中加入了民主小草的計畫，參選台北市文山區萬興里里長。民主小草計畫中，並沒有要求參與者要加入民進黨，給予參與者選擇的空間。而我所參選的萬興里，向來是中國國民黨的票倉，藍綠比例接近7比3，藍營擁有絕對優勢。一般而言，「理性」的選擇應該是以「無黨」參選，跳脫藍綠格局。但，我還是選擇加入民進黨，並以民進黨提名投入選戰，為什麼呢？

我們心自問，從政是為了能夠改變台灣社會，勝選固然重要，但仍有比勝選更重要的事情，就是政治人物的立場跟理念，這攸關政治上遇到各種困境抉擇時的方向感。再者，我對於二〇一四年台北市長選舉中，高喊「超越藍綠」口號的極度反感，因為藍綠問題絕對不是簡化成政黨對決，而是台灣面對中國時，應採取何種態度及立場的問題。超越藍綠代表不做選擇，甚至視而不見，這在面對政治抉擇時會欠缺方向，或輕忽該問題的影響而妄下舉動。因此，為了對自己的政治理念負責，我不但加入民進黨，並且選擇掛民進黨籍參選。

和里民一對一對談，傾聽民意

登記參選後，一開始絕大多數的里民們並不認識我，我自己則是背著候選人的彩帶，獨自一個人走在萬興里的大街小巷，逢人便打招呼。雖然很多人質疑我在深藍的地區，掛民進黨籍參選，會造成反效果。但我確實遇到不少在地里民，問我第一句話就是：「你是什麼黨？」當我回答是民進黨後，獲得「絕對支持」的回應，我也不需要再多解釋自己的理念，選民也能夠了解我的政治立場。

而在參選過程中，我並沒有將資源投入在類似造勢活動或者成立競選總部等。相反地，大部分的時間，我選擇在里內和里民一對一對談，傾聽民意。尤其是自己過去多數時間都離開里內念書，平時待在里內的時間並不多，對於自己所居住社區的人、事、物並不熟悉。所以我下班後，便一個人在社區內，以徒步的方式，在里內散步。其實里民們對社區居住品質的反應，比我想像中還熱切。透過一次又一次在夜晚裡頭，與里民們不斷交談，交換彼此心得，我了解了社區內種種硬體設施的不足，例如巷子口欠缺反射鏡、交通號誌等形成危險路口，又或者里內區民活動中心的硬體設施年久未更新，具有潛在的隱藏式風險等等。里民們也向我建議，希望我當選後能夠舉辦里民康樂活動，凝聚社區情感。

其實有時候一個晚上，可能只有跟一兩位里民說到話，曾經也有人向我提過我這樣一對一對談的選舉方式，並不是很有效率的做法，但我有不同的看法。首先，我所參與投入的是最基層的里長選舉，有效率打開知名度並不是我的第一考量。我自認原先對於社區並未長期關注，因此熟悉度肯定沒有里民們熟悉，因此每位里民都可以當我的導師，告訴我當選後應如何改善社區環境，提升居住品質。再者，由於里民們紛紛了解我願意傾聽他們的需求，一傳十，十傳百，選舉期間主動幫忙的里民，越來越多，打開知名度的問題反而因為我那沒有效率的選戰方式，迎刃而解。

重重挑戰

當選里長後，發現從事公共事務，不是想像中這麼簡單。

一開始我決定先研究里長的法定職權，沒想到卻非常模糊，且市政府所規定的里長工作要點又過於瑣碎，若這是里長工作的全部內容，不但與事實不符，更與里民投票時的期待相違。由於上述的里長工作要點並無法滿足我的需求，只好回過頭來翻開我在選舉時的小冊子，上面記載選舉時我對里民們的各種承諾。我在想，既然我答應那麼多事情，就從邀集各單位會勘開始學習吧。

由於本里的萬興市場大樓電梯年久失修，該大樓內有圖書館、區民活動中心、老人中心等，使用人數者眾，且頻率高，故選舉時收到選民們的陳情數量也名列前茅，希望我當選後可以汰換這座使用近二十五年的電梯。我當下便請台北市議員李慶鋒召集會勘。

由於萬興市場大樓各樓層的管理單位，計有市場處、建管處、圖書館、老人中心以及區民活動中心，汰換電梯事關每一個單位年度預算的編列，故當天會勘到場人數超過二十位公務人員，共至少有五個單位派員參加。第一次面對這麼多的公務員，緊張得發抖，提出了里民希望汰換電梯的想法，各單位卻皆以該電梯每年皆有編列保養費用、全面換新花費太高等理由，希望我打消更換電梯的念頭，但這些理由並沒有說服我。

自己是律師出身，律師的工作是用證據說話，因此我決定去調查文山區其他類似的圖書館、活動中心的複合式大樓的電梯，是否有同樣超過二十年使用年限，卻已經汰舊換新的例子？皇天不負苦心人，果然被我找到，並拍照存證。第二次再辦理會勘時，我便向與會公務員們表示為何其他活動中心使用年限比我們少都已經更換，我們卻必須要忍受面臨淘汰年限的電梯，並轉頭詢問廠商：「你能保證舊的電梯繼續使用，不會發生意外？」經過調查後，對於汰換電梯的理由更充足，在場各單位更清楚里長的立場，經協調後確定全面汰換新電梯。

我任內的第一場里鄰工作會報，花了近三個小時的時間，向鄰長們報告一年內預計要完成的事項。

在編列預算的過程中，我開始評估，哪些事項是里長的預算範圍內可以完成的，哪些事項是超出里

長的預算範圍的，做第一個層次的篩選。如果是里長的預算範圍內可以完成的，再區分哪些是與民眾的安全有關的，放在優先的位置，例如重新添購里內的滅火器，或者在暗巷內加裝感應路燈等。如果不是里長的預算範圍內可以完成的，就必須透過議員辦會勘或者是直接與市政府溝通，甚至是在里長與市長的市政會談時，爭取市長的支持。前面提到的萬興市場大樓電梯更新的預算，便已經超過里長所能編列的預算範圍甚多，因此里長此時便可以請議員辦公室召集有關單位，辦理現場會勘，解決問題。

擔任里長，對於市政問題更加感同身受

擔任里長後，對於市府施政措施不再能像過去一樣事不關己，必須比里民更了解議題，才能面對里民各式各樣市政的問題。以路邊停車格全面收費為例，此政策主要目的是為了避免路邊停車格經常被霸佔住，導致停車位一位難尋。但路邊停車位開始收費後，車輛幾乎都擠到原本已經很狹窄的台北市巷弄裡頭，考驗駕駛人的開車及停車技術，而巷弄更窄了，車禍糾紛也更多了。這個副作用，恐怕不是當初制定此一政策的人所能想像的。而且，路邊停車格全面收費讓許多中產階級以下的家庭認為，市府只會與百姓爭利，卻不知道目前物價高漲的生活有多困難等。

任何政策都有正面與反面兩種意見，但第一線接觸基層，讓我感受更加深刻。我們從小到大接受台灣的教育，學校及家庭教育不斷灌輸我們一種為了多數的秩序，少數是可以被犧牲的價值觀，這樣的價值觀應該重新導正，否則民主的價值將隨時淪為民粹。所以，當我們為了讓路邊停車格不被少數人所霸佔，採取全面收費時，所需考量的就應該是，「收費後，何種家庭會產生負擔？」、「停車格空出來後，又是哪些人受惠？」可惜身為里長一直未能看到市府能夠做出類似的分析出來，甚為可惜。

如停車此類市政議題，市府在做決定時，應當能夠做更細緻的調查，例如以里為單位，某一里的汽車總量、停車格數量、停車場所能容納車輛數量，每戶擁有幾輛車子，若是調查有困難，我相信里長都會願意配合市府。因為完整的事實調查，才是堅實市府政策的後盾。

里長不應只是傳統樁腳

傳統觀念，往往認為里長是選舉時，政黨的樁腳。我當選後，也曾有里民向我詢問：「你是哪位議員的樁腳？」但擔任里長後，我更認為里長不應只是傳統樁腳的角色，更應著重在市政府各局處基層工作的調和功能。首先，里長必須熟悉市政府各局處以及區公所各課的業務範圍，遇到里內大小事情發生時，才知道要找哪個單位幫忙。再者，由於公務機關的業務切割很細，往往會發生權責難以釐清，導致公務效率低落的問題，里長的功能便是進行機關間的協調，讓里政、市政推動的更有效率。此外，基層工作與里民生活間，密不可分，公務機關要執行公務時，往往需要里長的幫忙，與附近里民協調。

里長選舉雖然是最基層的選舉，但可能是因為本里長期沒有出現過民進黨籍的里長候選人，因此後來在參選期間，竟然也有人在路邊和我討論台灣關係法，我當下覺得不可思議，沒想到投入里長選舉也能夠和選民討論到國家層次的問題。擔任里長後，對於扶助社會弱勢，以及市府各類政策的感受，都較以往來得更為深刻。如果你也對家鄉公共事務有興趣，不妨走進你家所在的里辦公處，和里長們聊天抬槓喔。

楊緬因　溝通的邊界

邱彥瑜 採訪

媒體創意中心工作要項：

1. 選舉網站企劃（募款網站、官網、活動網站等）
2. 安排網路文宣發表形式。
3. 參與臉書與其他社群經營（文稿、平面設計等）

問：台北市長選舉結束後，你就立刻投入二〇一六總統大選了嗎？為什麼到了蔡辦還是從事媒體文宣的工作？

答：我比較喜歡自由自在，柯辦選完之後我就落跑，但也想看一下總統選舉，就加入蔡辦，打完我又落跑了。以前民進黨文宣群分成文宣部跟網路部，後來把文宣部的新聞組結合輿情成為新聞輿情部，原有文宣部與網路部改組為媒體創意中心，也算是柯辦試出來的體制。柯辦的文宣網路部主任李厚慶選完回到民進黨，我也跟著來，我們與黨內原本的新聞部相互配合，原柯辦新聞組的葉芝邑、黃大維等人則是進入市府。

在蔡辦工作比較有條理一點，每天盯著網站的上線進度，哪時候要完成企劃、網站地圖、使用者訪談等等，比起柯辦，網路文宣團隊規模也更大一些，可以一起分擔工作。柯辦有些先嘗試過的網路文宣，蔡英文選舉再做一次，普遍精緻很多，但也因為大家多少習慣了，相對之下比較不受人注意。像是募集競選歌曲，因為先前 run 過一次，知道怎樣做可以更好，蔡英文募集的歌曲也比柯文哲多上數倍。

但也有些不太一樣的地方，像是我們在吳姓網友與 TonyQ 的大力幫忙下，在柯辦曾試過開放官網的 API，讓網友自由取用改造「野生官網」。有人嵌入 Google 語音服務，成為能夠唸給你聽的盲人版柯 P 新政；也有人開發 Google Chrome 加載程式，只要偵測到你瀏覽的網頁有關鍵字，比如「房屋」，就會調出柯文哲的公共住宅政策。開放官網是為柯文哲量身定做的宣傳策略，因為他主打 i-voting，他本人也有種 Tech（科技）面向的特質，我們認為要在網路上發揮到最大，但在蔡辦就沒這麼做。

我們也努力讓網路社群回歸線下舉辦實體活動。以往大家習慣把使用網路的群眾看成一群人，通常是「年輕」的「鄉民」，但網路越來越普及，其實越來越接近社會真實的反映，什麼樣的人都有，這也意味著分眾必須越做越細，不能只想主打太廣泛的選民，例如「女性」、「中產階級」等、很大塊卻面貌模糊的人，必須做到，像是養寵物的人，或是對ＡＣＧ（動畫、漫畫與遊戲）有興趣的人。我們舉辦「毛日子」，在網站上搜集認養寵物的故事與照片，甚至為此獨立開發了談認養的網站，也深入寵物社群發布相關消息。

「小英動漫見面會」更是一個好例子，選到九月底的時候，精神與體力都相當吃緊，有次下班後，在我經營的公共冊所裡，腦中浮現後來成為競選主題曲〈亮點〉的旋律，決定要用動漫風格重做這首歌，這個想法，加上後來很多衍伸的討論，讓團隊大家越講越high。我們舉辦動漫之夜，找來專辦同人展的主持人，還有Coser（角色扮演者）與舞團cosplay（角色扮演）虛擬小英，現場吸引很多動漫愛好者。同事還提議可以搭配原本是解釋政策專用的虛擬３Ｄ小英製作二次元ＭＶ，我們特地找動漫聲優來唱，放上日本的影音平台Niconico。這或許也算是另一種意義的「虛實整合」，一開始先創造了虛擬人物、接著在線下真實的人來cosplay、這隻拍攝的影片又放上網路讓人寫彈幕、改作等等，從虛到實再到虛。講回整件事的重點，在於我們需要和外部團隊「一起完成一件事」，從中看見社群的文化、價值觀、以及實作中面臨的困境。在分眾那麼細的時代，對於你的溝通目標族群來說，有時候「外人」看不懂反而未必是壞事，而可能是一種「黑話」式的認同。

問：要如何掌握分眾社群的行話跟特質呢？

答：我自己喜歡和各式各樣背景的流浪人一起工作，他們對世界具有強大的好奇心，習慣去理解不同背景的人在想什麼。像是從大學時期就認識的維昭很了解ＡＣＧ，還有投入選舉工作前便擔任寵物溝通師的小Ｃ，還有在柯辦時期海選找到的邵年，原本是桌遊店老闆，曾在３１８反黑箱服貿時期募資買下紐約時報廣告；還有很多夥伴，都有許多特異功能，要講可能篇幅不大夠。

總之，我們整個網路文宣團隊都是蠻不務正業的人。最近有媒體報導「斜槓青年」，講起來其實有點悲哀，老實講也不是因為我們這群人的什麼特質，而是正因為當代政經條件，讓我們這個世代「被迫」有了很多跨界經驗。如果有紮實的跨領域經驗，即便面對未知的全新領域，也能很迅速瞭解該領域的人在想些什麼，他們的行話是什麼，這其實是人類學家的工作。

來選舉之前，我做音樂也開書店，歸納起來其實都是最「人類學」邏輯的工作。作為配樂創作者，業主要求什麼風格都要配合，可能有古典、爵士、電子音樂或是Rap，依照畫面情境搭配適當的音樂，我必須全部音樂類型都要略懂一點。我經營的公共冊所是一間二手書店，無法決定收到什麼樣的書，但必須了解這些書怎麼賣，也是人類學的經營方式。

為了維持生計，我唸書時開始幫廣告寫配樂，了解沒人脈的Soho族一開始多難做，開公共冊所又變成小企業主，每個月都必須為下個月店裡開銷煩惱，幕僚工作則是上班族。這些經驗讓我知道我想溝通的對象，他們生活處境是什麼，我隱隱有種感覺，就是我並不只想了解某一群的年輕人，而是整個世代的年輕人，他在日常中怎麼揣摩自己的經濟生活？工作之外僅有的一點點人生怎麼度過？他們集體的面貌是如何？這也讓我回過頭思考台灣現在需要什麼。

問：民進黨作為中小企業，也有保持彈性讓你們嘗試這些事？

答：「類」中小企業體制。大家比較不知道網路、社群在做什麼，在蔡辦裡要能說服大家。我自己覺得做得比較好的是「在地希望」，第一波系列影片中，蔡英文是旁白，主角則是在地方努力的團體。第二階段我希望規劃網站，現在有許多關注特定主題的社群網站，像是故事、泛科學之類的，我也希望能做出屬於在地團隊故事的內容網站。在網站上，我們放上第一階段時拍攝的影片，設計一個很大的按鈕，開放大家投稿自己的好故事，後來收到許多很好的故事，流量表現也不錯。

民意
PEOPLE AWAKEN
覺醒
2016.1.16 全球期待
IN 3D REALITY

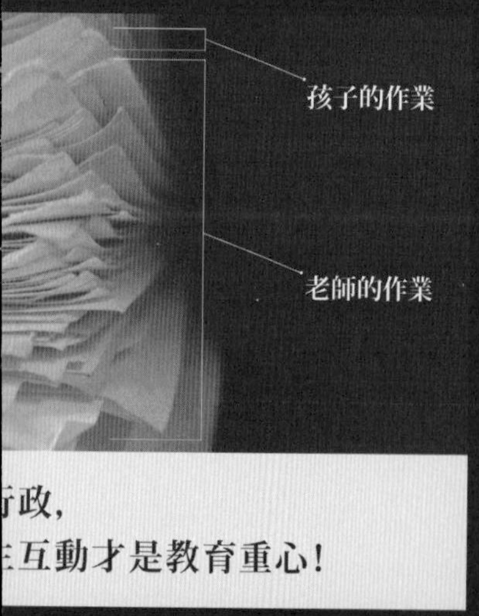
孩子的作業
老師的作業
政，
互動才是教育重心！

點亮台灣
還有
1
天

54689

P
30
180

我當書店老闆的經驗是，小企業主常常沒錢做網站，但我們提供具小企業主所需的基本功能和設計漂亮網頁，每個故事有個別的頁面，介紹他們的團隊跟經營理念，讓他們除了Facebook外，也能將在地希望網站當成網路名片。那個時期競選主軸論述是，我們要找回台灣的自信，過去幾年因為政府沒有方向，但我們希望說的是，國家的力量並不來自對政府的期待，而是來自於各地的「亮點」自身。

在網路上，候選人在選舉時最大的資產就是流量，將流量導回這些在地希望，我認為就是最大、最直接的回饋。第三階段我們回到線下舉辦「在地希望生活節」，邀請在地團隊帶著他們的故事跟產品接觸群眾，除了增加知名度，也能讓他們的產品直接接觸客戶，我自己覺得蠻符合我們政策新經濟模式的架構。我們將現有的內容網站加入投稿功能（當然還有人處理編輯），我們想表達的是，每個候選人人都會說要怎樣怎樣給年輕人、給新創團隊機會，但這個網站、與後來的生活節，它的意義是，不用等到選後，我們現在、在選舉期間，就可以在有限的資源內做到。另一方面，平常人們要站出來表態很困難，這種方式不屬於傳統文宣的範疇，在造勢場合裡排排站在候選人後面，但卻也是比較屬於當代的一種溝通方式。

問：在政治工作裡，你怎麼看待自己的轉變與立場？

答：關於這個，用點形上學意味的說法就是，我自己的立場一直沒有很大的轉變，只是立場的「存在」本身漸漸稀薄了，哈哈。

這樣講可能太狡猾了。誠懇一點說吧，我覺得自己立場上最大的轉變，是進一步對於公共論述中情感動員因素感到不信任。有些人可能會直覺地聯想到民族主義，但我說的是「所有的」情感動員，那是一種當你感受到大於你自己的存在——當然有可能是歷史與族群的、也可能是社會網絡的、或是某種政治哲學傳統，行動者可能在某一個關掉對話視窗，讓情感或同情引領自己的行動。

過去可能我們做學生時會用「盲動」來統攝這樣的現象，但後來會發現這樣的指控過於淺薄。經過政治場域的經驗，我比較晚近的理解是，無論出自任何理由，當你在某一刻，把說理的可能放水流，那正是純粹的「力與力的對撞」進場的時候，而我相信我所對話的對象，無論在社會運動還是政治的場域中，在進入這個階段後都是相對弱勢的。因此，這不只是某種行動倫理範疇的判斷，也是一種功利的判斷。這樣講大概有點隱諱，但此刻我想不出更好的表達方式了。

選舉裡一個隱而不言的邏輯就是一切都選完再說，對我們這些流浪選舉人來說尤其如此。這裡其實有個政治倫理的問題可以好好探討，就是當選舉團隊即是執政團隊，有人會說是酬庸；但如果兩者完全不同，顯然又會有一些類似探討人格一致性的道德爭議存在。不過，柯團隊和蔡團隊都是部分進入行政機器，所以比較沒有這個問題，算是我自己的一點思考。總之，經歷兩次選舉，我已經疲乏的了，也看到自己在這個領域所能發揮的限制。但我想即便我離開政治工作，這些學習來的技術、觀點與思考方式，仍可以幫助我作為一個非政治圈的人保有一些能力，知道如何用常人的角度介入這個社會。

撒丰安・瓦林及那
Savungaz Valincinan

打破國民黨的鐵票倉

原民部選舉組織工作要項：
1. 建立各地原民組織網絡成立後援會。
2. 舉辦原住民族造勢活動及鄉鎮說明會。
3. 追蹤原住民族相關議題輿情。
4. 總統原住民族政見擬定和相關文宣。
5. 規劃安排總統候選人及兩位原住民立委候選人之原鄉行程。

318佔領立院行動結束後，在各方面的徬徨混亂下，我決定讓自己好好冷靜一下，思考下一步要怎麼走。在休息的這兩個月時間裡，很多人都找到了新的位置，其中一部份夥伴進到政黨工作、也有一些夥伴成立新的倡議團體繼續在體制外努力。一直到了七月分，在田秋堇委員的推薦下，我進入民進黨中央黨部工作，正式成為所謂的政治工作者。

地方選舉輔選初體驗

適逢二〇一四年底的九合一大選，我自告奮勇的進駐南投，參與南投縣長候選人李文忠的輔選工作。那時候我心裡想的是要靠近部落、靠近母親的家鄉。有人說在政治工作的場域最重要就是遇到一個好的老闆，我想是的，雖然李文忠不是大家心目中那種「好」老闆，他做事嚴格、要求細節，講難聽一點，是對團隊非常「凶狠」的老闆。但可能就是頻率對了，我非常喜歡李文忠，從他身上學習到許多，誠懇、堅定、過分樂觀以及對是非對錯的固執。

基本的選舉工作分為空戰與陸戰兩大部分，空戰是文宣，包括網路、紙本宣傳、政見記者會、有線電視插卡廣告（CS／CF）；而陸戰則是實際接觸鄉親，包括掃街、肥皂箱拜票、宣傳車掃街、徒步掃街、造勢活動等等。

非都會區的地方選舉過程，對在人與人關係疏離的都市中成長的我而言是非常震撼的。不同於都會區的選舉，不會有主流媒體的追逐，一切都要靠一步一腳印的走出來。除了最基本的理念和政見，更重要的反而是讓鄉親看見候選人，感覺到候選人就在身邊。掃街是連續四個月的最基本的行程，南投有十三個鄉鎮，一直到選舉尾聲，每個鄉鎮人多的地方我們都至少都走過三次以上，宣傳車則是候選人的分身，天天跑遍大街小巷。

候選人每天的行程大致是這樣的：一大早上班時間站在大路口邊揮手致意，搭配幾位舉旗手和一位麥克風手介紹候選人，接著到早市、午市、黃昏市場徒步拜票，傍晚則是徒步掃街、挨家挨戶拜訪，中間穿插各方的邀請和拜訪，一直到晚上。候選人的體力和毅力非常重要，再累都必須時刻保持微笑、彎腰勤握每一雙手。並且背後要有超強的排行程團隊，精算路程，把路線排順、時間排緊，以便候選人一天能走最多的行程。

另外李文忠特別關注仁愛鄉及信義鄉兩個山地原住民鄉。只要有仁愛和信義的行程，當天他一定會住宿當地和族人互動。另外也罕見地推出完整的原住民族政見，不只是補助或福利，而是包括原民相關事務的人員進用原住民為優先、落實族群主流化，這是地方選舉少見的。這樣的重視也反映在兩原住民鄉的得票結果上。

接下來是空戰部分，南投縣青年人口外流嚴重，對在地鄉親而言，相較於網路，實體的紙本文宣是更容易接觸到的宣傳方式。主要負責文宣工作的我，至少每兩周要出一份紙本文宣搭配政見記者會加強印象，紙本文宣要在記者會開完的幾天內也同時可以被鄉親看見。從內容規劃、確認份數、聯繫廠商印製、配送到各鄉鎮競選總部及夾報或人工派報，每個環節都必須扣緊確認才不會延誤宣傳時程。因為是縣長選舉，除了整體縣政大方向的文宣，還必須設計各鄉鎮的地方政見。

而選舉到了後期，就會進入互相攻擊的廝殺戰，這是我非常不喜歡的部分。除了對公共事務的批評，常常最能撼動輿論的其實是私人領域的攻擊。但是我的候選人不願意這麼做，即使有攻擊對手的文宣也是針對公共事務的部分，這點讓我十分敬佩。

地方選舉最有趣的地方是可以很直接地得到鄉親的回饋，政見有沒有令人有感、掃街小物實不實用（無誤）等等，夏天我們做了最一般的扇子，到了秋冬改成衛生紙和紙盒裝的肥皂，像是肥皂的部分就有鄉親跑來說拆封後紙盒就丟掉了，這樣效果不好啦，建議我們下次直接做上面有候選人名字或是照片的造型肥皂，真的非常可愛。

而造勢場的動員，是一次次檢驗各地宣傳成果的機會。通常我們會想像活動辦在那裡，要來的人就會自己來，但除了被活動宣傳所吸引自發參加的鄉親，有一大部分是透過專門打電話聯繫保持互動熱度的電話拜票組一一通知請託而來。這些名單除了是候選人本身掃街拜票的過程中收集，還有各地幹部收集來的支持者或潛在支持者名單。而龐大的資料庫建檔和分類，也是非常專業的工作。好的資料庫建置，才能依據活動的地區設定動員對象篩選出要聯繫的對象，而非亂槍打鳥的猛打電話。

說到這邊，大家一定很好奇選舉的結果——李文忠高票落敗了，並且是第二次。傳統的地方政治結構要在一朝一夕改變十分困難，南投縣長從一九五一年開始民選幾乎都是國民黨當選，其中唯三的非國民黨都是無黨參選且都沒能連任成功。在這樣艱困的選區，打著民進黨旗幟參選的李文忠是艱難的。

但是仍有一些令人振奮的改變，除了創下民進黨候選人在南投參選縣長史上最小的落選票數差距，在仁愛和信義兩原鄉，竟然都拿下近半票數！蔡英文二〇一二參選總統時，在這兩個原鄉也拿不到兩成的票數，這次選舉的結果令人跌破眼鏡，對我而言則是看見很大的希望。原住民地區長期被視為國民黨的鐵票倉，但李文忠的成果讓我相信，只要夠真誠、夠努力，是會看見改變的。

中央黨部的小小螺絲釘

結束了地方輔選，回到中央黨部熟悉部門業務。我一開始進入的部門是社會運動部，理論上是一個要跟社會團體連結的部門，除了大家直覺想到的社運團體，另外還有所謂四大社團（獅子會、扶輪社、

英派

青商會、同濟會）、農漁工商會、醫療和宗教團體等。對於一個政黨而言，關係的建立除了貼近社會，當然就是為了下一次選舉做準備。

當時我的主任是郭文彬，他很相信體制內改革的力量，無怨無悔地在民進黨做了二十幾年的幕僚工作。他知道我在台南念書的時候曾參與反對台南鐵路地下化東移徵收的抗爭，而對抗的對象是民進黨高人氣的台南市長賴清德。在面試的時候郭文彬問了我一個問題，如果南鐵來到民進黨抗議，我是否能夠站在黨的立場與他們對應？我深吸了一口氣，回答「無法」。

很意外的我還是錄取了，還記得接到錄取電話的時候，當時聯絡我的副主任說，主任只有一個要求，你要確定自己想清楚了沒。結束地方輔選工作歸建部門後，我才慢慢意識到這個「想清楚了沒」的提醒其實有多重要。總統大選尚未開始就已經被視為準執政黨的民進黨，在九合一地方選舉結束後，社會團體的壓力和要求隨之高升，一直延續到總統大選結束後。

而社運部是第一線面對這些抗爭壓力的主要部門。我花了幾個月的時間仍未能適應，時常來抗議的團體就是我過去聲援的朋友們，角色切換困難常常感到很無力也曾萌生退意。郭文彬時常鼓勵我有機會進到體制內，就要思考如何從體制內尋求改革，這是分工，不是對立。當然也必須誠實地說，體制內改革是緩慢而艱難的工作，並且，並不是所有進到體制內的人都是懷抱理想，所以內部不同勢力的對抗拉扯，有時難以想像，對於基層黨工如我，能影響的也太少太少了。

這個部分的平衡我還未能找到答案，但至今我仍相信體制內外的參與都是重要的。二〇一五年到了六月份，總統大選輔選工作即將啟動，我做了另一個決定——請調部門。回到我的核心關懷，我希望能夠更多參與原民相關事務及工作，所以毅然決然請調到原住民族事務部。像我這樣不是聽從安排而是一直提出要求的菜鳥黨工應該很令人頭痛，但感謝郭文彬的支持和原民部主任的接納，我順利進到原民部。

民進黨原民部的正式編制只有正副主任和兩位正職黨工，選舉期間則是透過招聘選舉專員做人力補充。既使加上選專，整個部門的人力只有十人，基本的組織工作就要在三十個山地鄉、二十五個平地鄉及原民人口較多的六個都會區分別成立原住民族後援會。另外，總統原住民族政見的主責單位也是我們。輔選過程中，一個禮拜有超過一半的時間是在各地奔波，另外一半的時間在辦公室確認文宣工作。

我本來自信的以為這會是我得心應手的領域，但過程中不得不承認身為政治菜鳥，又是面對總統級的輔舉工作，我還是太嫩了。面對二〇一六年的總統大選，原民部有兩大工作目標，總統選舉、以及輔選兩位山地及平地原住民立委候選人。更大的挑戰是，這三位候選人的選區都是全國。在地方的組織工作上我總是感到棘手，我既不熟悉政治語言、也不熟悉地方需求，講著高位的、大方向的原民政策，對族人來說是既遙遠又無感的。

回到整個中央級選舉工作，其實就是一個超大的社會動員過程。黨部的每一個工作人員都是超級小的螺絲釘，卻又無比重要。但在原住民這塊，民進黨長期缺乏經營，或是應該說不知道如何經營，看著其他部門的百工百業後援會、婦女後援會等動則上千人，原住民的後援會只是幾十個、幾十個，甚至有些地方只有十人上下，不免感到無力，但我們總是自我安慰，原住民人口只有２％，按照人口比例乘以五十，其實規模也差不多啦！（苦笑）

除了部門的組織和宣傳工作，我另外被分配支援山地原住民立委候選人瓦歷斯·貝林的輔選工作，陪瓦歷斯各地拜會舉辦超過百場的說明會、製作文宣、自力拍攝影片、經營網路社群等。同樣是區域立委候選人，一個原住民立委候選人必須跑遍全國，但相較於總統候選人的資源實在是少得太可憐，這樣選舉制度設計上的不公平卻十分少被討論。

原住民的轉型正義

二〇一六年的一月十六號，蔡英文當然是毫無意外的當選了。但瓦歷斯卻高票落選。我永遠記得那天還未天黑，競選總部樓下的開票之夜活動會場早已萬頭攢動，隨著開票過程，辦公室內不時地大聲歡呼，我卻一個人坐在角落大哭不止，格格不入，就像原住民族之於台灣社會也總是格格不入。

回顧兩年並不長的政治工作經驗，對於我個人而言，從地方到中央的輔選工作參與，當然有許多學習和收穫，但也有更多的疑問。這個號稱多元平等的台灣社會，對於原住民族的政治參與，真的是公平的嗎？許多人看見的是原住民族的福利、補助，沒被看見的卻是主體性的忽略，如何讓台灣社會意識到這樣的不公平？如何能夠突破現行的「遊戲規則」創造更多的公平？另外，在蔡英文當選後，轉型正義成為了政治改革的主流議程，然而，原住民族的轉型正義是否被視為台灣社會必須共同面對的一環？從主流教育缺乏多元視角到選舉制度的設計造成原住民族參政的高門檻，要如何說服台灣社會一同來翻轉？

f Politics

台灣

世代

優勢

困境

青年組黨

青年參政

未來

十年後

自己

Chapter 2/3

Ideals

族群
領域
理想
追求

我眼中的台灣……

吳沛憶：小時候好像感覺台灣是一個正在上升的地方，不管什麼方面都很有機會，愈來愈好的樣子；政治也好，民間或其他的領域，都看到很多人才慢慢出現，慢慢有一些影響力，曾經想說自己長大以後也要是這樣，在什麼地方、去哪個位子。但等到開始可以在社會上找一個位子，做一些事情，這時就發現其實每一個領域都被卡住，不能只是政治而已，很多在一般行業工作的朋友，他們也好像被卡住了，而站在我們上面的人，很多也卡住了，他們上不去，我們也上不去，就是這種感覺。但是這幾年來，整個社會不管上一個世代或我們這一個世代，大家都覺得需要改變，需要做些事情，改變這個困境，也開始起身行動，只是似乎還找不到一個方法，找不到一個解答，要怎麼樣做、怎麼行動，才能看到有什麼改變。一個很變動的時代，就是我這個階段看到的台灣。

吳崢：我想到小時候看漢聲小百科裡對未來世界的想像，那時候以為世界是會不斷前進的，前方有無限的可能，會期待說二〇〇〇年的時候人類已經可以住到月球上、星際旅行、車子在天上飛，但是這些都沒有發生。過去人們對社會的期望是會不斷進步愈來愈好，然而長大發現並沒有如此，事實上社會反而是停滯的，某種程度是沉悶的，有點倒退的感覺，一種僵固的氛圍。人們看到經濟發展的瓶頸、民主的侷限、科技發展的侷限，也不是說就此了沒希望，但好像漸漸喪失了對集體社會共同的期待，愈來愈往內縮，變得只關心自己的事情。在台灣的話，可能這種氛圍又更強烈一點，畢竟台灣本身就處在一種多重的夾縫和困境中，不管是國際地位或國內的內部問題方面，都像有個天花板在那邊，我們看得到天花板，但好像看不到一個穿過去的方法。

Savungaz Valincinan 撒手安・瓦林及那：小時候對台灣的認識和現在好像很不一樣。以前很相信那套努力就能出頭天的論調，覺得只要好好念書、只要力爭上游，人生有無限的可能。但越是長大，越發掘這樣的認知，其實是「他們」想要你以為的台灣，而不是台灣真實的樣子。尤其是當我開始認知自己的原住民身分、開始想要找回文化認同，就更發覺我並不是從小就有選擇。當我們進到小學開始，主流教育試圖把大家打造成同一個樣子，我們被教導成為堂堂正正的中國人，卻不認識這塊土地，更不認識自己的母體文化。對於像我這樣在都市成長的「都胞」而言，這種被剝奪選擇自己要成為誰的感受，隨著成長的過程越來越強烈。

整個社會把一切的結果歸咎於個人努力與否，卻忽略結構限制，忽略階級、忽略族群、忽略性別，幾乎忽略所有差異，我們看似有很多選擇，但選項卻早已被決定和限制。我眼中的台灣，其實是卡在這樣不上不下的泥沼裡，每個人都難以掙脫。

陳廷豪：回顧從小到大的生活環境和經歷，在我眼中，台灣是個「在壓抑的夾縫中生活」的社會。首先，反思台灣的教育環境，學生不只是被高度壓抑，還是抹殺個人主體。例如，中小學的髮禁、鞋禁、襪禁，大學宿舍的門禁、斷網和熄燈。唯近來教育部要求高中不得以「服儀不整」來懲處學生，才如同「恩賜」地開啟了是否廢制服的討論。以及幾星期前，輔仁大學的女宿民才藉由「絕食」的方式解除門禁，爭取到可以如同男生般地自由進出。簡言之，台灣的學生是在壓抑的教育中，試圖打開夾縫、或是終於等到大人們想通了，才能嘗到那一點點自由的滋味。

其次，語言也是一種壓抑。我們從小除了「國語」之外，還被強制要學西方的、高尚的英語，而自己的母語文化，比方客家話、台語或是原住民語，還有新住民語，是沒辦法在社會有適度的發展機會。而出了社會，花大量時間和金錢投資教育的青年，又是普遍低薪，當面臨高房價，只好用高工時來自我忍耐。

在政治上，壓抑的社會帶來許多的抗爭事件，讓情緒有所出口。又特別是過去幾年，引發大規模抗爭，其抗議對象多是指涉中國，使得多數的台灣人總算知道，原來我們是活在中國所擠壓出來的政治夾縫中。

到了現在，當我們投入政治工作，會發現政治圈裡年紀比我們稍大的人，往往做一些愚蠢的決定，例如作為第二大黨的中國國民黨，我實在想不懂，如此廢的政黨為什麼還有資格在台灣，與還有人支持。但我們也只能壓抑憤怒的情緒，用民主的方式慢慢取代他們。

總之，雖然是個壓抑的社會，但我們從社會運動的經驗中學到，選擇改革就是除了懷抱希望之外，

其實一無所有。因此，我們只好仍然持續相信未來總是能夠變好，然後在這壓抑的社會夾縫中生活與希望。

呂欣潔：我覺得台灣是一個多元文化交融的國家，但大家因為過去的歷史文化脈絡彼此有些隔絕，所以不太能理解差異，可能會被過去的情緒困住，或因為教育並沒有盡到讓人民學習如何認識與尊重差異的責任，因此多數的人民並沒有學習到這項技能。比如說，我奶奶的媽媽是日本人，我奶奶也在日治時代成長，我的家庭背景其實讓我比較有偏向日本文化的認同，而非中國文化，因此在我的世界裡小時候是沒有「外省人」的認知，也不知道為什麼會有人覺得自己是「中國人」，從來也沒有人跟我解釋這件事情。是直到長大之後認識更多的人，也因為學習社會工作所以對大家的家庭背景都感到好奇，才慢慢看懂這些背景差異，也才了解每個人都受到大社會結構性的影響，因而成為如此不一樣的個人，並沒有誰對誰錯，只是時代的變遷所造成的結果。然而，台灣的特別和有趣，也是因為歷史交替著而成為今日的樣貌，不同文化交雜出了今天我們所擁有的台灣文化。

我也覺得台灣是個很有同情心但其實缺乏同理心的地方，你可以發現路上如果有乞討的人或是賣口香糖的婆婆，通常都會有人協助他，或是被ＰＯ到網站上請大家集氣幫忙，這代表了這個社會很多善良的人，然而，過去大家比較習慣發揮自己的同情心，但沒有去練習同理心，也比較不會去整體的思考比如說為什麼會有人在這邊乞討，或是台灣的社會安全網出現了什麼問題，往往是看到眼前的人你可以給他一些小小的協助，那些小小的協助，其實某個程度上是讓我們自己面對這些悲苦狀況而產生的情緒得到緩解，但長期的可以解決問題的，或是真的能夠改善當事人的處境的事情，比較少人會往這個方向去思考。有很大的因素也是因為人民不認為我們有能力做「大」的改變，所以眼前的、小小的是我們少數可以做的事情，這其實是一種長期被壓迫統治的無力感，這樣的缺乏控制感的狀態顯現在許多台灣人不同的性格層面上，也包含對於參與政治的被動性。

台灣的公民社會還沒有發展得很完全，公共議題討論風氣也還在發展中，人民也因為工作與生活的疲憊，習慣被餵養各種雜亂的資訊，而較為缺乏主動搜尋好的訊息、以及思辨的能力。但在我十幾

年的性別與同志運動經驗中，我發現台灣人其實是很願意學習，也很願意去認識不同的文化與社群，只是過去沒有機會彼此了解，比如說我去到一個大家想像中很保守的偏鄉講同志，但可能會有聽完課的老師或社工在理解同志的生命之後，就開始願意去改變她過去對同志社群的想法或價值判斷，十幾年來我看見台灣社會改變的動能性，所以我一直覺得這是一塊生命力很旺盛的土地，人們隨時有可能改變自己，往更好的方向去，只要我們創造更多的機會，投入更多的資源，就會有更多的可能。

吳崢：台灣其實是一個情感很飽滿的社會，很熱情的地方，我自己就常被台灣人這樣豐沛的情感驚訝到，像以前去環島，總是莫名其妙受到陌生人很熱情招待和幫助，在選舉期間也是，例如有阿嬤幾乎每天自己在家做好食物帶到競選總部給我們吃，那時候就會覺得，怎麼人這麼好，我們非親非故的，還願意這樣毫無保留的溫暖我們。

所以台灣其實是一個很直觀很好玩的世界，台灣人對某些即便跟他們無關的事情，也能夠很直接、很強烈的反應，不會吝於去關心。我覺得這是台灣人珍貴的地方。幾年下來的社會運動經驗，讓我知道其實很多人非常樂意去關心別人，去關心自己以外的事情，非常素樸的熱誠。

但現在台灣有很多的問題，很難用直觀、單純的方法去快速地解決。所以我們的社會有時會看似斷裂，某些進步的理念得不到大眾的認同，問題在於集體洋溢的情感和實踐理性之間缺乏足夠的溝通，但這其實沒有對錯，台灣社會中有一塊充滿著很純粹、很飽滿的成分在裡頭，例如為什麼台灣人會這麼在乎在國際上被認可，對台灣人身分認同的執，這都是一種情緒。假以時日把若是能夠把這其中好的、精華的部分，焠鍊鍊出來凝聚在一起的話，我認為台灣社會會是一個有非常大可能的地方。

張慧慈：以前我眼中的台灣，是一個可以讓任何人，特別是底層的人，藉由教育、工作來翻身的國家。但現在的台灣，就是鬼島。所謂的鬼島，是上面沒有住著人的。為什麼沒有住著人，因為台灣根本不在意任何一個個人。

每一個個人在台灣是不被看見的，每一個人都被包在一個很大的架構、理念或是諸如此類的想法下，去分類，然後要每一個個人去追求那個大的、理想性的方向。所以，台灣的個人被集體給掩蓋過去，這跟日本、韓國甚至是中國很像。比方，青年世代、草莓族、天然獨、太陽花世代等等，用不同的集體框架去框住任何一個個人，且這樣的框架是帶有道德、理想性的。當每個個人被包在這裡面時，他們好像必須犧牲，必須共同有所求，必須定義自我。但沒有人關心每個集體中的個人，每個人所面臨的困境其實大不相同，但是沒有人在意。個人唯一被在意的時候就是犯罪的時候。妳犯罪了，媒體、學者專家、社會想要知道什麼樣的「個人因素」會變成犯罪的因子，所以個人被剖析。但這

樣的剖析還是集體的，比方愛玩暴力電玩、單親家庭、魯蛇等，被置放在某些帶有道德瑕疵的群體。所以才會產生歧視、才會出現預防性羈押，這些都是我們社會太過忽略個人的緣故。因為如此，所以當代的個人很疏離，很寂寞，對這個社會很沒有價值。我覺得，現在台灣最重要要做的一件事情不是去拚經濟，是重視差異性，重視每個個人所經歷的困境，提出不一樣的配套措施，讓每一個人有更多不一樣的選擇。

比方剛剛有說，現代的年輕人缺乏社交生活。這點我十分同意，但必須要各個擊破。對一個月領30K的人來說，扣掉基本開銷，所剩可能3K、4K。每一次的社交生活都所費不貲的情況下，社交基本上就是拓展人脈，錢要花在刀口上。尋求心靈的慰藉，就找以前的朋友。剩下拓展人脈的扣打，當然用來跟掌握資源的人交際。因此，同輩跟同輩的很難聚集在一起，力量就不會太大。甚至，更多人一下班就只能回到家裡，然後看著電視，然後看著網路，根本無暇去思考未來會過什麼樣的人生，這樣的人，他除了追求眼前可以看到的快樂外，沒有力氣去看這個世界。所以，我常常覺得，從天空鳥瞰台灣，會覺得很美，土地的每一個角落都傳出笑聲，大家看起來很開心的樣子。但拉得更近，拉到個人時，會發現大家的臉都是僵的，其實大家不開心。

因此，我眼中的台灣，是一個讓人難以呼吸的地方。但值得慶幸的是，每個個人總是在找尋更舒服的呼吸方式。

范綱皓：我的意見好像和大家都不太一樣。對我來說，台灣是一個生活的地方。所以小時候，身邊的人爭論是中國人，還是台灣人，我其實沒有太大的反應。一直到了高二，我才對「什麼是台灣」有了想像，否則，我生活的地方、我的族群身分，就是我的認同之處。我在乎我所生活的社區到底發生什麼事情，多過於「國家的想像」。

在高中時，有老師告訴我，課本裡面都是假的，不要相信課本裡告訴你的東西，要隨時對課本抱持著質疑的態度。從那時候開始，我的老師開始提供各式各樣不同屬於台灣的在地素材與史料，讓我們去思考此時此刻生活的環境、社會與國家，可以有怎麼樣不同的視角。

當時，才高中生的我，其實是一個很新鮮的感覺，覺得自己跟社會、國家是相連在一起的。

後來，我覺得性別也很重要，就會把它跟對國家的情感、土地的認同放在一起看。有時候，真的常常為了國家認同、土地認同，而壓抑了性別議題在我們身上的作用力。

最近，我有一個很深的體悟。每次在跟別人在談事情，特別是我們的前輩，不管是民主運動，或是性別運動、婦女運動的前輩，三十年來，他們年輕的時候在講，現在已經二〇一六年了，我們這群

年輕人還是在講差不多的東西，難道這個社會二、三十年來都沒有進步嗎？這問題到底出在哪裡？台灣的問題到底出在哪裡？很多時候，真的不是只討論「台灣」、「國族認同」、「獨立運動」就能解決台灣社會中千瘡百孔的問題。

所以，進入民進黨以後，我其實滿想要透過政黨的力量與資源，試著看看能不能找到不同的方案。二〇一四到二〇一六年連續兩年都在選舉，這兩年來，我歷經了九合一選舉、立委補選、總統大選，除了綠島沒有去過之外，我幾乎全台灣都跟著候選人走了一圈，連金門都去過了。在這個過程中，我碰到很多人，會發現很多台灣人，他們的價值觀真的就是很沒有跟上時代，或者是，他們對很多事情的理解，只是一知半解、以訛傳訛，但是他們的確很想為台灣做點事情。等到台灣社會有什麼重大的事情發生時，就會有很多人跳出來，捐錢、出力、支持。318在立法院時，不就是這樣嗎？老實說，學生跟許多社會上的大眾都不知道接下來會發生什麼事、會有什麼樣結果，但是，不管怎麼樣大家就來了。

只是讓社會有所改變，本來就需要讓大眾在思想上有更大幅度的調整、更新。現在的問題點在於，當人們很熱血想要做這些事情，想要把很多問題看得更清楚，卻沒有一個健全的討論機制、沒有一個穩定的制度、沒有一個明確的組織，讓大家可以依循著去做，讓出錢、出力的台灣人熱情，同時也可以多一份用心在價值觀、社會體質的改造上，兩者可以搭配在一起。當價值觀、社會體質沒有實質改造，只有訴諸激情，或是國族認同時，每一次就只能依靠這種短暫動員的力量，這個力量我覺得撐不久，到最後就散掉，社會的改造，又要重新累積一次。

所以，討論我眼中的台灣，其實不重要。但如果真的硬要說，我覺得又會回到我最前面說的，從我們生活的周遭開始。我們要去找到一個我們最關心的核心問題，跟你生活的社區有什麼關係？要如何改變你生活的處境？是不是有什麼人可以一起做？提出什麼方案？

我是學空間的，國族國家、城市、社區，這三個空間尺度，最基本、最傳統的看法就是，很多個社區連在一起就是一個城市，很多個城市在一起就是一個國家。唯有每一個社區都變得更好，我們才能有一個更美好的國家。更好的國家，取決於我們如何善待身邊的社區。找到一個社區中重要的議題，它經常就反映出這個國家最需要改革的地方。

至於，我們現在這些年輕人聚在這邊要幹嘛？如果有一個年輕的政黨，我們最應該要做些什麼事？我認為最重要的就是，我們要鞏固來自台灣四面八方的力量，並且建立一個制度，把社會力量和政治力量接在一起，現在民進黨並沒有把這一個部分做得很好。

曾柏瑜：我想台灣現在正處於一個集體焦慮的狀態，不只是台灣，最近整個世界都陷入一種非常凝滯的氛圍，大家渴望改變，可是我們不知道到底應該變成什麼樣子。如果我們把歷史的軸線拉長，我們會發現這幾十年，是改變非常快速的時代。整個世界快速的變化，無論是科技還是文化，都飛快的改變。

這種快速的變化，我們其實是比較容易習慣的世代，因為我們就是在變動中成長的，但是對我們的父母，或他們的父母來說，這相對非常困難。以台灣來說，我自己怎麼去理解這種集體的焦慮，我想回應一下剛剛有人提到的教育問題。我覺得台灣的教育，讓我們的父母、祖父母，甚至很多的年輕人，都習慣有一個「對的答案」。這個不只是創造力的問題，它其實直接的讓很多人難以面對快速變動的社會。我覺得台灣有很多人心中的焦慮和不安，來自於想要對於現在的變動找一個「對的樣子」，因為我們的教育沒有辦法連結現實的、飛快改變的世界，所以很多人茫然不知所措，隱約察覺了這樣不太好，但是不知道該如何理解現況。

在選舉的過程中，我遇到了很多爺爺奶奶，他們雖然對於時代的改變有所感知，卻不能夠理解這個世界到底已經變成什麼樣子，但是他們相信這個社會應該有一個「對的樣子」，所以對於那些不同於想像中「對的樣子」的人事物，就只能是錯的了。

這種對事件的單一理解、單一價值，和民主的多元性背道而馳，剛剛有人提到理解差異，可是事實上無法理解差異的可能性，就不可能理解差異，不可能真正多元，而對我來說，沒有多元沒有辦法達到真正的民主，就像目前面臨種種困境的原住民議題、同志議題。

可是我們是比較能夠理解變動的世代，我們的上一代，還不是很能理解這種變動，不是很能理解多元或差異，所以他們還在試圖用他們堅信的「對的樣子」去理解這個變動的社會，並且為此感到焦慮。而年輕世代也很焦慮，因為我們知道這個世界在改變，這些制度必須跟著改變，這些單一的價值必須改變，可是我們卻沒有空間可以出手。所以台灣，在我眼中是一個集體焦慮的狀態。

「年輕世代」的困境 vs.優勢？青年需要參政、組黨嗎？

黃守達：其實要說困境，怎麼說也說不完。低薪、過勞、房價高，看不到未來，看不到願景，看不到機會。但真要說的話，我覺得最大的困境，就是年輕世代的社交生活，遭受到非常強烈的壓縮。我們每天工作完，幸運些回到家裡也都八九點了，第一件事情就是想要躺在沙發上發呆。如果條件比較好有電視的話，就從21台一路往上轉轉到79台，轉完再跳回重來。最近也有個新發現，我很喜歡收看地球星球頻道，看動物在雨林裡、沙漠裡、草原裡吃草啊獵食啊睡覺啊發懶啊，真的非常非常紓壓。

社交生活遭受壓縮會發生什麼事情？那就是年輕人彼此間的連帶，就會斷掉。在學校裡，這個連帶要維繫還容易，畢竟大家的時間都相對彈性，書不可以不讀，但課可以不上。硬擠一下，時間總是會出來。不管是玩樂，還是討論，或者是行動，學校都提供了這麼一個場合。雖然說每間學校的狀況很難一概而論，但是用「學校」與「社會」來做區分，某種程度上還是有效的。

從「學校」到「社會」，最直接的門檻，就是要養活自己，除了餐飲費還包括住宿費與交通費，這還只是「養活自己」的程度，不包括「養活別人」。養活自己當然是要工作，那在當代台灣這麼嚴

峻的勞動條件底下，工作時間就佔去了年輕人時間的大半部分。工作都來不及了，更何況社交生活呢？

年輕人彼此間的連帶斷掉了，不只是讓人與人之間變得更疏離而已。缺少了連帶，也就缺少了交流與分享，大家都知道，交流與分享是創新創意的基礎。相對起上個世代與上上個世代的前輩先進，年輕人沒有經驗、沒有技術、沒有資源、沒有專業，年輕人有的就只是創新與創意。但如果連交流與分享的基礎都沒有了，又怎麼會有激盪的火花？創新與創意的靈光又怎麼能夠閃現？

所以我們看到，在台灣最有活力的一群人，就是那些搞青年創業的社群。這些社群，就很努力地在經營這個分享與交流的基礎，所以他們有很多聚會、很多活動、很多發表。但必須要注意到的是，這群人，是相對有條件的人。他們大多不是受薪者，他們也比較成功地把自己的工作與自己的興趣，結合在一起。

但是對於大多數的受薪者，工作本身就是一個需要奮鬥的戰場。活下來已經不容易了，社交生活也就變得奢侈。如果我們回顧各種成功名人的傳記，就會發現，他們的臨門一腳、他們的靈機一動、他們的奮力一搏，或者是他們的「貴人」或「謬思」，都是來自於社交生活的某種機緣。我們沒有辦法生產「機緣」，但我們可以創造鼓勵「機緣」的條件，年輕世代的自我組織，就是很重要的條件。

那我們可以發現，當代台灣社會的年輕人，組織化程度實在非常低落。這可能是因為舊的組織技術與方法已經遇到瓶頸，這也可能是因為社會環境愈來愈不利於年輕人的組織。但無論如何，年輕世代的自我組織，都是很重要的課題。上一個世代與上上個世代，有所謂四大社團，有各種同業公會與職業團體。這些組織，到現在都還保持在老人的手中。那我們這個世代有什麼？

如果說我對於我自己有什麼期許，那就是想盡辦法，運用有限的資源與心力，為年輕世代撐出一點空間。台灣真正的改變，或許不會在我的這個世代發生，但至少，我必須要為下一個世代，創造更多的條件。我們走的路並不冤枉，但如果還要讓我們的學弟學妹再走過一遍，那才是冤枉。

如果說青年參政有什麼必要，我覺得會在於此。

范綱皓：我先說結論，我覺得年輕人應該有自己的政黨。不管哪一個黨裡的老人，或是前輩們，他們也都當過年輕人啊！他們也都經歷我們這個年紀的熱血與理想，也都知道年輕人的困境，但是到底是什麼原因，促使他們從年輕人變三十幾歲的中年人、四十幾歲或五十幾歲的老人時，忘記有一群年輕人是需要關心的？關鍵到底是什麼？

我現在先期許自己未來不要變成那樣的人，但我不知道到了那個年紀，會不會也變成他們那樣子的人。我的感觸是，當掌權的人，幾乎清一色都是上了年紀的人，他們真的不太願意聽年輕人的聲音。他們只會覺得「有歷練再說」。當然，「歷練」很重要，但是不代表我們說的東西沒有道理，甚至不可以被納入政策裡面。

只是，在民進黨內，光是「傳達」年輕人意見這件事，都有它的極限。所以我覺得年輕人需要組一個政黨，原因在於年紀畢竟還是很重要的一個分類。年紀，就跟族群身分、性別一樣，是一個社會身分，當一個政黨，能夠以年輕人的角度來討論低薪、轉型正義、性別平等、住宅政策，會是比較貼近我們想要的。我們就是要以年輕為主打，就是要去搶年輕人的票。在國會裡，可以搶到幾席算幾席，在地方也是，能搶到幾席代表、議員，就多一份力量。當年輕人可以在政治領域裡面佔到一個位子，不需要看他人的臉色，我們才有機會發言，推動我們想要改革的方案，才能真正做我們想做的事情。否則，每一次提名都還是要看前輩的臉色，要推一個政策，年輕人可能都只是一個章節。

當然，年輕人對權力比較陌生，拿到權力的時候，我們也要提醒自己要更小心地去行使權力。

呂欣潔：我就是想要參與社會的改變才加入社會運動，進而開始投入選舉，但我這一年的感觸是，覺得目前台灣習慣的選舉方式，還是很傳統方式的想像，所以你沒有錢，就很不容易進入這個遊戲，這就是年輕世代參政的最大困境。所以很多人以為選舉只要靠雙腳、靠新媒體，但台灣人對選舉非常非常固著，有傳統上大家自己特定的想像，比如會問你有沒有做看板，有沒有做宣傳車，有沒有做文宣，你有發文宣、宣傳車、做看板，大部分人才覺得你有在選。必須打破台灣傳統、固執的選舉想像這件事情，改變金權政治的樣貌，創造新的可能性以及發展組織的方式，是我們這個世代要做的，但也非常非常的困難，去鬆動僵化的結構本來就是一個長期工程，但這是一定要往前走的部分。

另外一個部分是，政治對我來說，目前也依舊是一個非常父權的結構，絕大部分發表意見的是男性，男性發表大量的意見，所以整個氛圍其實也是很壓抑的，他告訴你應該怎麼做，然後指導你應該怎麼做，討論遠大的理想但看不見身邊的歧視與壓迫。在選舉的時候感受到的是，去做家戶拜訪，就算家庭中可能是太太比較有「影響投票的人際脈絡實力」，但在家裡講話的一定是家裡的男性，但是真正比較有動員能力，可能是太太，而且太太有時候也比較容易接受新的想法。

當你還是一個人或是一組小小的團隊的時候，你很難改變或扭轉這樣的結構，所以為什麼要靠我們這個世代來試著在其中改變，而不是順著這個社會原本的結構走。我們的社會並不會因為一個女性成為總統，從此就性別平等了，這只代表這個女性總統擁有許多資源，所以她沒有被龐大的父權結構所壓迫的太深，她當然比其他男性政治人物辛苦了許多，但同時，她也比其他女性政治人物運氣好了許多。因此，從政黨路線來看，創造新的架構，而非進入一個原有的大架構體系，是我現在選擇的路線，但我們無法重新建構一個社會架構，所以要努力進入體制改變。

所以我不認為「年輕人」這個社群，因為光是年紀的差異，並不代表年輕人是一個同質性的整體，對我來說，我們需要的不是形式上去組一個新的青年政黨，我們更需要的是去創造新的政治風氣和運作的方式，如果創造一個新的政黨，但沿用舊的手段與方式，只是多討論的青年所面對到的問題，我不認為可以對台灣做整體性徹底的改變和影響，那還是一種上對下、很父權的結構複製，等我們變成「上一代」的時候，「下一代」依舊是在面對同樣的結構性因素。我們需要的是改變政治結構，讓年輕人容易進入，容易找到大家能夠發揮的位置，才能造成改變。

Savungaz Valincinan 撒丰安．瓦林及那：過去的舊政治參與者被很多的勢力拉扯和限制，而年輕人的優勢就是少了這些包袱。但同樣的，現實的困境就是舊政治、舊勢力的阻礙。我當然鼓勵更多的年輕人一起參與政治，因為我私心想要更多的夥伴，但我覺得欺騙年輕人說參與政治就可以改變社會是不可以的，我們要誠實的讓年輕人知道參政的困境和成本，這裡的成本包括物質的也包括心靈的。

但是我想說，我們的力量和付出會積累。雖然每個人的力量都很小很小，而黑暗的地方勢力、金權政治目前依然強大，但是年輕人透過串聯和彼此支持的網絡，是可以一點一滴慢慢看到不一樣的。

我想分享菲律賓原住民族草根組織CPA的一位組織者曾說過的話：我們現在在做的事，不是為了在我們這代就看到改變。但是我們現在就要開始努力朝著想要的方向前進，那麼我們的孩子、或是我們孩子的孩子，才可能看見那個收穫的果實。

苗博雅：在台灣，我們這個年紀的人，其實是比較缺乏組織的。而「有沒有組織」在現在的政治參與上滿重要的。對我來講，沒有「年輕人需不需要組政黨」的問題，只有社會上是否存在「以解決

年輕人所面對的問題為宗旨的政黨」的問題。

若沒有適當的土壤，就無法孕育所謂「年輕人的政黨」。我想的和欣潔一樣，可能比較俗氣，一想到選舉，就想到「天啊，競選經費要從哪裡來？」。如果你沒有經費的話，想在選舉取得優勢是非常困難的，尤其愈接近權力核心的選舉愈是如此。胼手胝足打拚出一個市議員，或鄉鎮市代表里長，是有可能的。但是要篳路藍縷選上一個立委，或者縣市長以上層級的選舉，就非常的困難。台灣大概有兩百個政黨，要新組一個黨不難，但要讓這個政黨有實力足以影響政壇、影響政局，還是要看你累積了多少，組織多少。而資源的累積和組織，正是我們這個世代比較欠缺的。

如果以「組成員的年齡」來定義年輕人的政黨，可能過不久這個黨就會散掉了，因為年齡變大是不可避免的。如果是以「解決目前年輕人遇到的困難」為目標的政治組織，或許才能長久。人即使到了七、八十歲，還是可以關懷著二、三十歲年輕人的需求。

組織以「支持年輕人」為宗旨、並且有政治影響力的政黨並不容易。但各個政黨之間的年輕黨員互相支持，是比較有可能的。每個政黨內都有不同的世代，假設政黨內的年輕從政黨員，與黨內「大老」意見相左時，他必須說服不同世代的同志，也就有可能需要來自政黨外部的力量給予更多的奧援跟支持。而當政黨需要爭取更多年輕人支持時，各黨間年輕人的串聯就有可能成為向黨內大老挑戰的支點。

另外，我們這個世代到底能不能稱為一個世代？我覺得關鍵並不在我們自己本身，而在於，其他不同年齡的人到底有沒有可能真的同理我們這個世代的處境？如果可以的話，我們就不會被區分成不同的世代。因為大家可以互相同理彼此的處境，營造出互相支持的環境。

每個人都是透過自身的經驗去認識世界，有時實在很難理解超出自身經驗以外的事物。以性別議題為例，很多生理男性都可以在想法上認同「女性懷孕很辛苦」的概念，沒有一個男人會說懷孕不辛苦、很簡單。但要生理男性實際了解一個懷孕的女性在身心方面所需要的支持是什麼？這就很困難。

在不同世代之間也是一樣，如何讓不同世代更理解年輕人的處境，進而願意支持我們，是很有挑戰性的。

對於比我們年長二、三十歲的人，很難真正體會我們面臨的處境是什麼。假使你跟郭台銘說「現在已經不可能再有白手起家，變成首富的奇蹟了」，他一定不相信，因為他以前就是這樣，他的人生經驗就是這樣。郭台銘可能會想：你們能力又不比我差，做不到，大概是你不夠努力吧。如果不同的世代無法超越自身經驗的侷限，不能同理、理解其他世代的處境，那世代與世代之間，就會逐漸分裂。

若整個社會結構沒有好的「土壤」，再好的種子你也種不出什麼東西來。假使我們這個世代的人，最終被切割開，成為與其他年齡層斷裂的世代，可能根本的原因是其他年齡層的人，拒絕給予我們所需要的支持。

要如何真正表達出我們的需求，讓其他世代了解我們，進而支持，這是我們的功課。而且是雙向的功課。就如同不同性別之間的相互理解一般，各世代之間，也應該努力地去理解不同世代，並且營造讓其他世代理解我們的機會。

張慧慈：我認為，我們這一代其實沒有太大的心理負擔。我們出生就是解嚴，沒有經歷過二二八、白色恐怖等政治迫害，所以我們在追求認同時，不太會被影響。而這樣的開放與沒有包袱，其實體現在參與政治上。我們這一代參與政治，不像上一代可能需要有什麼背景，或者是顧慮東顧慮西。在二〇一四年前後，處於一個各個政黨都想吸納年輕人的狀況下，其實不難進來。而那個時候進來，因為我們是可以直接跟年輕人，講明白一點，就是跟選票對話。所以，我們的想法滿容易被採用、施行，整個世界好像很接受年輕人的意見，那時參與政治是快樂的，會覺得我可以反映當代青年的問題、當代弱勢的問題，因為我聽得懂、我感受得到，然後，我傳達得上去。這是年輕一代的優勢，因為我們沒有太多包袱，我們習慣民主，我們面臨在改變的社會，所以我們很容易可以掌握當代語言。但是，有機會進入基層時，看到的是政治最真實的一面。所有理想性的東西在地方好像不存在，司法不存在，關說、有關係，決定了政治運作的樣態。在地方，要推行理想的政治，必須要先顧好每一個選民的實際生活。但這仍舊是年輕世代的優勢，因為年輕，所以要在地方說服長輩，是相對沒那麼困難的。

真正年輕人參與政治的困境，我認為是在升遷與敘薪上。當敘薪跟升遷沒有制度化、沒有考績制，年輕人很容易落入低薪、低成就的情境。而且，在政治的領域中，這樣的低薪跟低成就，常常被偉大崇高的理想給包裝，讓你誤以為犧牲是有價值的。但我認為，透明化的升遷機制與敘薪制度，才

是永續栽培年輕人的方式。年輕人最青春珍貴的歲月，要他們縮衣節食，過著苦哈哈的日子。等到中年以後才有喘口氣的機會，這個時候對於社會的敏感度以及較年輕的族群早就失去聯結，心中的想法或許早就從很有理念，變成我辛苦那麼久，在這個薪資地位是應該的，那種補償心理。

再者，因為升遷不透明，很多時候誰能升上去，是取決於上層對你的私人看法。但這是一代傳一代的，很容易檢選相同的人上去。如果今天一直都用這些人，永遠都會有一大部分的人被忽略，那這個政黨要如何和世界對話？如果今天年輕人組成一個政黨的話，第一步就是擴大人才招募，而且必須是各路英雄好漢。政治就是管理眾人之事，所以政治的組成更應該有眾人。如果今天從事政治、能夠上位的永遠都是某類型的人時，那如何做出正確的判斷，制定更符合多數人的政策。所以，我覺得重點在於政治不應該是一條專屬於某些人、阻礙重重的道路。

政治往往被形容成一條犧牲之路，好像從政必須犧牲自我。所以才會有人說質疑他人犧牲那麼少，卻可以輕鬆的獲得某個位置，這樣不公平。我覺得，我們這一代已經犧牲很多東西，我們沒了好的環境、吃的食物有毒、薪水不足以讓我們生養或奉養父母，我們基本上已經犧牲了對未來的想像。在這種情況下，卻還是有那麼多年輕人想要投入政治，想要改變台灣時，我們就應該更加鼓勵他們進來，並且提供足夠的選擇，這樣，政治這條路才更符合人民的期待。

因此，我是鼓勵年輕人參與政治的。參政是一種觀看世界的方式，也是一種態度。只要門再打開一點點，就能讓政治更符合多數人的期待。

陳廷豪：比起討論年輕人是否組黨，我覺得應該可以多討論「年輕世代」在政治領域中的意義。我認為「青年世代」的意思是，客觀上同樣位於青年的年齡層，在共同經歷某些政治社會事件後，對現在和未來具有相近的價值觀。所以我們主觀認知上，會希望能成為有「集體感」的行動者，並做出一些改變，然而，我們卻被現實環境給切割成不同的群體，導致力量無法集中。

「集體感」的建立，不只是參與同樣的學生社團與社會運動的合作，也會在各種交流活動來認識彼此，藉由討論和交換想法，以漸漸形成對台灣的同樣共識，例如性別友善、環境友善、族群平等和勞動尊嚴，還有台灣獨立等。而多層次的、豐富的共識所累積下來所形成的「集體感」，於是可被視為是一種「世代」的價值。

而「青年」之所以會被特別標註出來，除了是屬於產業的後備軍之外，再來就是我們沒有什麼現實基礎和物質條件，講好聽一點就是我們沒有包袱，講難聽一點就是我們什麼都沒有，唯一有的只是因為我們剛脫離校園不久，所以還多保有那一點純真的理想和價值。

因此，就政治上的意義，我認為一想到「政治」不應該只是協商、交換和妥協，應該還要有實踐理想的機會和可能。

那麼回到本次座談的主題——世代的藍圖。我覺得，說起「組黨」這種看似很遠的事，不如應該是要鼓勵青年大量參與公共事務，不一定是直接出來參選，而是先透過參與來認識社會，藉由討論公共事務來接觸政治。然後，若有機會進入體制工作，也不要排斥試試看的機會。

詹晉鑒：我認為青年組黨這件事情，可能要先搞清楚現實情況。因為現階段任何新政黨一出來，都與國民黨、民進黨間有極大的差距。再者，以青年人而言，目前青年的幾個困境，例如普遍低薪又窮忙、房價過高等，其實是一個結構性的問題，他是社會整體的問題，也確實有世代間資源分配的問題，但光靠以上，是否有必要以青年為主體組成政黨，我認為都還不是這樣急迫。

我自己覺得在青年自己跳出來組黨前，或許可以先稍稍研究民進黨等政黨的組織架構，以及選舉方式。例如民進黨里長的提名機制為何，黨的組織架構又是如何產生的等等問題。如果說是已經了解，也發現實際執行有困難性，到該時再談青年組黨也不算遲。

曾柏瑜：剛剛講到了青年世代的困境，我想我們不能否認世代不正義的問題確實存在，這不只是低薪、勞動條件的問題而已，而是年輕人佔據不了有利的位置，去解決年輕人面對的困境，這個問題是真實存在的。

我們到底需不需要一個青年的政黨，我想如果這個政黨是為了解決青年的困境，我想它是非常需要的，因為很顯然目前沒有哪個政黨是真的把青年面對的困境當作自己第一位的主張。可是我想我們必須要務實一點，去討論這個青年的政黨，老實說雖然我認為青年應該要組黨，但是我心中非常的悲觀。務實地來看，青年遇到的困境也是我們沒辦法組黨的關鍵，政治不外乎兩個重要的資源，一個是錢，另一個是人，而光是錢的問題，就已經讓青年組黨成為幾乎不可能的狀況，我們都是低薪的年輕人，似乎很難只靠年輕人去籌措幾個億的組黨經費，當然我們也可以去向長輩們募款，畢竟我們也是鼓勵世代協力，可是從過去的經驗來看，佔據不了有力位置的青年，政治影響力有限，這樣的政黨有多少人願意投資呢？而且這樣就是我們想要的新政治嗎？我實在非常悲觀，我覺得比較有可能做到的是，青年的串連，像現在這樣我們雖然分屬不同的政黨，可是我們可以分享資訊、交換意見，可是我也很悲觀，這樣的串連實際上到底能夠發揮的影響力是什麼呢？即使我們能夠將這樣的串連，當作我們跟內部政黨談判的籌碼，可是又如何呢？青年在政治實務上沒有影響力的事實不會因此改變，會不會這樣的串連也只是一種小確幸呢？

雖然如同撒手安所說的，我們很缺少夥伴，可是每次要鼓勵青年參政，我心中總是有點心虛，尤其是如果要鼓勵青年參選的話，我實在說不出來。我們都知道這條路有多磨練人心。但是我覺得參政的意義，如果不僅限於政治工作，而是更廣泛的去談，如何讓關心政治的青年在各個領域取得影響力，那我當然是非常鼓勵的。

范綱皓：我覺得創黨，就很像在創業。我們常常支持很多有理念的年輕人去創業，為何我們不能支持年輕人組黨？當時318，我們也沒有想到可以募資到那麼多錢，多到可以買下紐約時報的半版廣告。理念、快速、新型態的組織與交流，是我們這個世代年輕人的共同點。

串聯很重要，大家都在串聯，但是串到後來有什麼用？這是我們要問自己的。我其實滿愛串聯，但是有些串聯，後來就荒廢了，其實沒什麼用處。串聯完，必須要有一個穩定的制度跟組織，我們做串聯才有用，才可以有實質的政治影響力。

只是，它不一定要是一個政黨，只是必須要有一個穩定的組織。我們要有實質影響力，讓組織、串聯走得長遠，就是要穩定。政黨當然是我最直觀想到的一個穩定組織、一個形式，當我們串聯的議題與人群，有主要的政治目標，募到錢在現在這個年代，應該不是一件難事啦！

另外，回應前面的，我是覺得年輕世代不一定要走進政治領域，當政治工作者，也不一定要參選，當候選人，但是年輕人真的要更關心政治、更關心議題。至少，我們身為政治工作者，我們要努力讓「年輕人關心政治」這件事情成真。當「關心政治的年輕人」變多，當我們有組織的時候，就會有人願意支持我們。就像很多新創公司，他們要知道理念、創業過程、有互動、對社會有什麼幫助、影響，人家就會掏錢支持。

只是，實際上，下一輩「關心政治的年輕人」好像沒有變多。318以後，我們有些人可能到政治領域，去媒體工作。我們應該都是這幾年社會運動培養出來的世代，現在整個抽離了一大群人，下一個世代好像沒有像我們一樣，有機會在街頭上磨練。像是，我發現很多大學的議異性社團都沒了，根本招不到學弟妹，可能最後就解散了。我們要做組織，也找不到人可以來一起做事情。

或許，下一個世代的社運人、政治人，要往18歲以下的去找。如果真的有年輕人的政黨或政治組織，就是把政治的觸角往更年輕的地方深耕。

吳沛憶：這個問題對一個在民進黨工作正要邁入第三年的年輕人來說，我想不是一個簡單的問題。要組黨及運作一個政黨需要非常多物質的條件，先不管年輕世代需不需要一個政黨，我覺得我們確實需要一個世代的集合。雖然社會上有很多分類，例如性別、職業、族群，但是年齡仍是一個有意義的分類，因為我們所面對的社會，無論政治、經濟或學術領域，都還是由五十到六十歲這個世代所形成的權力集團所宰制，如果我們希望能改變世界的秩序，那麼，就需要組織成另一個權力集團，去掌握力量，發揮影響力。

黃守達：台灣其實很可悲。國民黨的存在，不當黨產的存在，超過半世紀威權統治的存在，其實扭曲了我們的政黨政治。對我來說，只要國民黨還沒有解散，台灣就沒有健康的政黨政治。

我支持青年組黨。世代鬥爭勢必會成為未來很重要的政治議程，那年輕人勢必要有自己的代理人。雖然我未必會選擇投身其中，但青年組黨絕對會是值得期待的運動。

但是我覺得在青年組黨之前，更重要的，其實是要先奠定青年參政的基礎。我覺得，青年創業社群可以提供我們很多參考與借鏡。青年創業社群是不是一個異質且多元的社群？當然是。說穿了，這些人除了都自詡為青年創業家之外，彼此間還未必能找到什麼共通點。但為什麼這個社群可以經營得起來？因為每一個青年創業家，都認知到一個交流與分享的平台很重要，投身這個平台的人，未必抱持著共同的理念，但他們可以在這個平台，找到理念相近的夥伴。因為有這樣的認知，所以大家會很努力維繫這個平台。

我覺得這是值得省思的。很多時候，我們都太急著把理念不同的人湊在一起，逼著每個人一起來做些什麼。長久下來，這不太健康。我們應該提供更多嘗試的機會，在探索的過程中，確認彼此的理念。讓年輕人可以充分的嘗試，選其所愛，愛其所選。所以，如果真的要搞青年組黨，我覺得我們要先把青年參政的基礎給鞏固下來，維繫一個交流分享的平台。跨黨派的吃飯團就是很好的例子。

簡單來說，就是要重新找回年輕人的社交生活。多一點玩樂、多一點消遣、多一點趣味，先有共同的生活經驗，才有公共討論。如果大家的生活經驗就是工作工作工作，那公共討論要從何而來呢？其實近幾年的選舉已經引進很多類似嘗試了，小旅行啊、桌遊啊、泡泡足球啊、cosplay 啊、動漫啊、毛小孩啊，諸如此類的。重點是怎麼延續下去。我自己是很期待，能夠有一個穩定的、常態的、持續的平台出現。某種意義上，這也是在為未來政黨政治的正常化做準備。

給十年後的我……

吳沛憶：希望十年後的自己是個可以支持年輕人的人。

曾柏瑜：我在選舉的過程中，開始非常信仰佛教，我想在那樣的壓力之下，如果我們不相信一些什麼，真的很難支撐下去。

我讀了一些佛教相關的書，有些東西想跟大家分享，佛教之中我們相信「一切都是剛剛好」，所有的事情都在剛好的時候發生，所以我們不必因為事情的發生沮喪或是難過，只要準備好自己就好。所以我沒有特別規劃，十年後的自己會在做什麼，但是我相信我們大家都會好好的，因為我們都非常的努力，所以一切都會好的。

范綱皓：希望十年後的自己可以成為一個樂觀的人，因為我們現在太悲觀了。

我也滿希望自己能成為一個很會溝通的人，學會溝通是一件很重要的事。

張慧慈：希望十年後的我，能夠有著快樂的生活。有各式各樣多采多姿的生活，像是社交生活、婚姻生活、家庭生活等等。當我可以擁有那麼多不同的生活，卻同時還能在政治這個領域中大展身手時，不就代表那個時候的台灣，是一個充滿機會與選擇的美好國度嗎？

陳廷豪：啊，十年後。我真心希望十年後我和我的小孩，可以不用再焦頭爛額地討論「未來該怎麼辦」的問題，而是能去分享「未來想做什麼」。換句話說，我期盼我們現在討論的問題，希望未來十年後可以解決，然後大家可以各自去做自己快樂的事情。

Savungaz Valincinan 撒丰安．瓦林及那：對十年後自己的期許是生一打孩子、並且還能保有倡議的熱情。因為我很清楚明白，原住民族要面對的社會翻轉，可能並不是在十年、二十年可以完成的。自己的倡議者自己生，然後，或許在大環境少子化的情況下，原住民族的人數比例逆勢成長，能夠讓我們的聲音更多機會被聽見。雖然是有點荒謬的想像，某種程度也是很真實的心聲。只有百分之二的原住民族要讓整個台灣社會真實的認識，是艱困而浩大的工程。

黃守達：十年之後，我希望國民黨已經解散，台灣早就回歸健康的政黨政治。各種價值與利益可以有自己的政治代理人，我們可以告別民進黨情結，大家也不必委曲求全，可以好好打一架。民進黨的歷史任務也算是告一段落。

如果真的走到這個地步，其實我也未必會侷限在代議體制底下這種狹義的政治工作。畢竟何處不政治？其實我自己的小小野望，是能夠當一座孔廟的主人。白天掃掃地，晚上散散步，辦辦小活動，管管K書中心，清除禮器的塵埃，聽雨滴葉落，看花開花謝。

我覺得搞政治多少要帶點宗教情懷。因為我們終究會發現，要改變社會整體，終究還是要改變一個一個的個人。環境保育是這麼回事，性別平權是這麼回事，公民素養是這麼回事，勞動教育也是這麼回事。大凡各種理念的兌現與貫徹，都是要回到個人的造化，改革與修行，其實是一體兩面。這麼漫長的工程，沒有一點宗教情懷是撐不下去的。我的宗教情懷，來自於儒學。雖然大學與研究所念得是法律，但我真正敢自認專業的知識，還是這個。能夠做到推廣倡議，然後以此為業，我就很滿意了。對我來說，如果能夠負責一座孔廟的開門閉館，是件很美的事。

呂欣潔：我希望十年之後的台灣能夠進入多黨政治的狀態，而不再只是兩黨爭權小黨搶渣渣，我認為以台灣這個多元的狀態，有不同的位子，不同的小黨的存在，以政治生態來說會比較健康，各種不同的議題也比較有可能被拉出討論的光譜。我自己在生命時間點的設定，前十幾年做同志運動，接下來希望有十年投入狹義的政治工作領域，為小黨和可實踐的左派意識開拓一些空間，希望能有一些改變，因為我看到在權力位置上許久的人心真的會腐化，所以我覺得政治領域就必須不停的換血，換人做，才能維持一個健康平衡的社會狀態。

苗博雅：我最近覺得，政治生涯和運動員生涯很像：剛出道時，充滿熱血，或許帶有一些天賦，但欠缺比賽經驗，也不懂得如何讓團隊發揮化學效應；隨著球齡越來越長，技能逐漸成熟，經驗也漸漸豐富，也可以開始打出自己的風格，但有些人可能會開始疲倦，開始打老人球，或者一直打不出成績會灰心喪志。最後有些人早早退休、有些人努力不懈但就是很難更上層樓，只有天賦、毅力、運氣兼備的球員，有機會衝擊冠軍，接近自己的夢想。如果能順利活到十年後，我即將迎接三十九歲的來臨，就政治人物而言，應該是相當於運動員球技開始成熟、體力尚未下滑的黃金期。但願屆時我已經擁有足夠的政治歷練，擁有推動理想所必需的各項技能；但同時又能保持熱情，持續相信自己的理想是有可能被實現的，並且維持對人的信任與善意，拒絕被政治場域的各種不堪擊敗。當然，最重要的，要當個支持年輕人的中年人。

政治工作在幹嘛？——一群年輕世代的歷險告白

呂欣潔／吳沛憶／吳哲希／吳　崢／苗博雅／范綱皓／陳廷豪／陳為廷／許韋婷／曾柏瑜／張慧慈／黃守達／詹晉鑒／楊緬因／Savungaz Valincinan 撒手安．瓦林及那　著

編輯　連翠茉
校對　魏秋綢
法律顧問：全理法律事務所董安丹律師
出版者：大塊文化出版股份有限公司
台北市 105 南京東路四段 25 號 11 樓
www.locuspublishing.com
讀者服務專線：0800-006689 TEL：(02) 87123898
FAX：(02) 87123897
郵撥帳號：18955675
戶名：大塊文化出版股份有限公司
e-mail:locus@locuspublishing.com

總經銷：大和書報圖書股份有限公司
地址：新北市新莊區五工五路 2 號
TEL：(02) 89902588（代表號）FAX：(02) 22901658

初版一刷：2016 年 9 月
定價：新台幣 380 元

ISBN 978-986-213-721-5　Printed in Taiwan

國家圖書館出版品預行編目 (CIP) 資料

政治工作在幹嘛？ / 呂欣潔等著 . -- 初版 . -- 臺北市 :
大塊文化 , 2016.09　面；　公分 . -- (Change ; 3)
ISBN 978-986-213-721-5(平裝)

1. 臺灣政治 2. 政治參與 3. 文集

573.07　　105012558